PETER HAUCK

Das richterliche Prüfungsrecht in Berlin

Studien und Gutachten aus dem Institut für Staatslehre Staats- und Verwaltungsrecht der Freien Universität Berlin

Heft 5

Das richterliche Prüfungsrecht in Berlin

Von

Dr. Peter Hauck

DUNCKER & HUMBLOT / BERLIN

Gedruckt 1969 bei Alb. Sayffaerth, Berlin 61
Printed in Germany

Vorwort

Der mit dem Thema „Das richterliche Prüfungsrecht in Berlin“ angeschnittene Fragenkreis berührt sich mit den durch die Besetzung Deutschlands aufgeworfenen Rechtsfragen, die auch heute noch nicht erledigt sind, weil Berlin nach wie vor der Besatzungsgewalt der Alliierten untersteht und auch im Hinblick auf die Bundesrepublik Deutschland sowie auf das organisatorische Gebilde auf dem Boden der sowjetischen Besatzungszone, dessen völkerrechtlicher Charakter umstritten ist, alliierte Vorbehalte aufrechterhalten werden.

Eine Behandlung des richterlichen Prüfungsrechts in Berlin war ohne Mitberücksichtigung dieses Fragenkreises nicht möglich, sollte die Arbeit auf dem Boden der Realitäten verbleiben. Andererseits wurde damit ein Komplex miteinbezogen, dessen politische Brisanz evident ist. Mancher Leser wird gegen manche der vom Verfasser hierzu geäußerten Ansichten politische Bedenken haben. Es soll aber bedacht werden, daß ein Politiker auch ungünstige Lösungen von Rechtsfragen einkalkulieren muß, um daraus gegebenenfalls die notwendigen Konsequenzen ziehen zu können. Es war daher das Anliegen des Verfassers, gerade unter Zugrundelegung politisch „ungünstiger“ Prämissen Lösungen zu finden, die juristisch vertretbar und letztlich auch politisch annehmbar sind. Insoweit hofft der Verfasser, auch der Praxis einen Dienst erweisen zu können, die insbesondere in Berlin seit langem darum bemüht ist, die Frage des richterlichen Prüfungsrechts einer Lösung näherzubringen.

Der auf S. 74 ff. entwickelte Gedanke, die Gebietshoheit als Abgrenzungskriterium für die Zuständigkeit des Bundesverfassungsgerichts in Berlin zu verwenden, ist vom Verfasser erstmals im Seminar von Professor Bettermann im Wintersemester 1964/65 vorgetragen worden.

Die Arbeit wurde von der Juristischen Fakultät der Freien Universität Berlin im Wintersemester 1967/68 als Dissertation angenommen. Sie ist danach für die Drucklegung noch einmal überarbeitet und am 30. September 1968 abgeschlossen worden.

Für die unermüdliche Förderung der Arbeit schulde ich meinem Lehrer Herrn Prof. Dr. Bettermann tiefen Dank. Herzlich zu danken habe ich auch Herrn Prof. Dr. Dr. Wengler für seine zahlreichen wertvollen Anregungen.

Inhaltsverzeichnis

Zweiter Abschnitt

Dritter Abschnitt

Vierter Abschnitt

Zweiter Teil

Die Zuständigkeit des Bundesverfassungsgerichts nach Art. 100 I GG in Berlin 60

Erstes Kapitel

Zweites Kapitel

Drittes Kapitel

Erster Abschnitt

Zweiter Abschnitt

Abkürzungsverzeichnis

Abgh-Drs.	Abgeordnetenhaus von Berlin, Drucksachen
ABl.	Amtsblatt
a. F.	alte Fassung
AHK-ABl.	Amtsblatt der Alliierten Hohen Kommission in Deutschland
AJIL	The American journal of International Law
AöR	Archiv des öffentlichen Rechts
ArbGG	Arbeitsgerichtsgesetz
Art.	Artikel
AS	Amtliche Sammlung
bad-württVerf.	Verfassung des Landes Baden-Württemberg
bay.	bayerisch
bayVerf.	Verfassung des Freistaates Bayern
BayVfGH	Bayerischer Verfassungsgerichtshof; auch: Sammlung von Entscheidungen des Bay. Verwaltungsgerichtshofs mit Entscheidungen des Bay. Verfassungsgerichtshofs
BB	Betriebsberater
BBauBl.	Bundesbaublatt
BDO	Bundesdisziplinarordnung
BFH	Bundesfinanzhof
BGBl.	Bundesgesetzblatt
BGG	Kommentar zum Bonner Grundgesetz (s. Literaturverzeichnis)
BGH	Bundesgerichtshof
BGHSt	Entscheidungen des Bundesgerichtshofs in Strafsachen
BGHZ	Entscheidungen des Bundesgerichtshofs in Zivilsachen
brem.	bremisch
bremVerf.	Landesverfassung der Freien Hansestadt Bremen
brit.	britisch
BStBl.	Bundessteuerblatt
BV	Verfassung von Berlin
BVerfGE	Entscheidungen des Bundesverfassungsgerichts
BVerfGG	Gesetz über das Bundesverfassungsgericht
BVerwG	Bundesverwaltungsgericht
B. Y.	The British Year Book of International Law
CDU	Christlich Demokratische Union
DAP	Deutsche Außenpolitik

Dok.	Dokumente zur Berlin-Frage 1944—1962 (s. Literaturverzeichnis)
DÖV	Die Öffentliche Verwaltung
DV	Deutsche Verwaltung
DVBl.	Deutsches Verwaltungsblatt
E	Entscheidungssammlung Band
EA	Europa-Archiv
EG	Einführungsgesetz
EG GVG	Einführungsgesetz zum GVG
Entsch.	Entscheidungssammlung
Erg.-Bd.	Ergänzungsband
Erl.	Erläuterung
FGG	Gesetz über die Angelegenheiten der freiwilligen Gerichtsbarkeit
FGO	Finanzgerichtsordnung
GBl.	Gesetzblatt
GBO	Grundbuchordnung
GG	Grundgesetz
GS	Großer Senat
GVBl.	Gesetz- und Verordnungsblatt
GVG	Gerichtsverfassungsgesetz
GWB	Gesetz gegen Wettbewerbsbeschränkungen
hbgVerf.	Verfassung der Freien und Hansestadt Hamburg
HdbDStR	Handbuch des Deutschen Staatsrechts
HessStGH	Staatsgerichtshof des Landes Hessen
hessVerf.	Verfassung des Landes Hessen
Int. Comp. L. Quart.	The international and comparative Law Quarterly
i. V. (m.)	in Verbindung (mit)
JböR	Jahrbuch des öffentlichen Rechts der Gegenwart
JIR	Jahrbuch für internationales und ausländisches öffentliches Recht
JR	Juristische Rundschau
JuS	Juristische Schulung
JZ	Juristen-Zeitung
KG	Kammergericht
LDP	Liberaldemokratische Partei
LG	Landgericht
m.	mit
MilRegDtschl	Militärregierung Deutschland
MRVO	Militärregierungsverordnung
Nachw.	Nachweis(e)
ndsVerf.	Vorläufige Niedersächsische Verfassung
n. F.	neue Folge
NF	neue Folge

NJW	Neue Juristische Wochenschrift
nrwVerf.	Verfassung für das Land Nordrhein-Westfalen
OVG	Oberverwaltungsgericht
OWiG	Ordnungswidrigkeitengesetz
ÖV	Die Öffentliche Verwaltung
pfälz.	pfälzisch
RabelsZ	Zeitschrift für ausländisches und internationales Privatrecht
Rdnr.	Randnummer
rh-pfVerf.	Verfassung für Rheinland-Pfalz
r. Sp.	rechte Spalte
RzW	Rechtsprechung zur Wiedergutmachung
saarl.	saarländisch
saarlVerf.	Verfassung des Saarlandes
schl-hVerf.	Landessatzung für Schleswig-Holstein
schw.	schweizerisch
scil.	scilicet
SED	Sozialistische Einheitspartei Deutschlands
SGb	Sozialgerichtsbarkeit
SGG	Sozialgerichtsgesetz
SPD	Sozialdemokratische Partei Deutschlands
Stadtv.	Stadtverordnete(r)
StPO	Strafprozeßordnung
StVV-Drs.	Stadtverordnetenversammlung von Groß-Berlin, Drucksachen
StVV-StenBer.	Stadtverordnetenversammlung von Groß-Berlin, Stenographische Berichte
UNTS	United Nations Treaty Series
ÜLG	Überleitungsgesetz
VerwRspr	Verwaltungsrechtsprechung in Deutschland
VGH	Verwaltungsgerichtshof
VO	Verordnung
VOBl.	Verordnungsblatt
Vol.	volume
VVDStRL	Veröffentlichungen der Vereinigung der Deutschen Staatsrechtslehrer
VwGO	Verwaltungsgerichtsordnung
ZPO	Zivilprozeßordnung
ZZP	Zeitschrift für Zivilprozeß
ZtfPol.	Zeitschrift für Politik

EINLEITUNG

Begriffliche Vorbemerkungen

(1) Im Rahmen dieser Arbeit wird unter richterlichem Prüfungsrecht oder richterlicher Prüfungsbefugnis[1] die Zuständigkeit des Richters verstanden, eine Norm, die er auf einen bestimmten Sachverhalt anwenden will, auf ihre Gültigkeit zu untersuchen und sie im Falle der Ungültigkeit außer Anwendung zu lassen[2].

Mit dieser Definition wird zugleich das Thema der Arbeit abgegrenzt:

a) Ununtersucht bleibt die Befugnis des Richters, Exekutiv-(Einzel-) Akte auf ihre Rechtmäßigkeit zu überprüfen[3].

b) Nur die sogenannte Incidentkontrolle gehört hierher, d. h. die Überprüfung einer Norm, die für die richterliche Entscheidung erheblich ist, weil sie im Falle ihrer Gültigkeit der Entscheidung zugrunde gelegt werden muß, nicht die principale Normenkontrolle, bei der die Gültigkeit der Norm losgelöst vom Einzelfall und als Hauptfrage geprüft wird[4], auch nicht die Verfahren der Art. 100 II, 126 GG. Schließlich soll auch die Incidentkontrolle im Rahmen der Verfassungsbeschwerde unberücksichtigt bleiben. Diese z. T. durch die Definition bedingten Beschränkungen haben ihren Grund hauptsächlich darin, daß der zu untersuchende Rest in der Praxis die größte Bedeutung hat.

c) Die Definition deckt im wesentlichen die in Art. 100 I GG aufgeführten Fälle, jedoch mit der Erweiterung, daß jede Norm, die unter einer höherrangigen steht, überprüft und jede Norm, die über der zu prüfenden rangiert, als Maßstab herangezogen werden kann. Auch auf die Unterscheidung zwischen vor- und nachkonstitutionellem Recht kommt es nicht an. Das richterliche Prüfungsrecht ist also zum einen nicht auf formelle Gesetze als Prüfungsgegenstand, zum anderen nicht auf die Verfassung als Prüfungsmaßstab beschränkt.

---

[1] Der Unterschied zwischen beiden Begriffen hat nur terminologische Bedeutung. Vgl. dazu *Bachof*, DVBl. 1951, 13; *Schack*, JIR 11 (1962), 383.

[2] Vgl. *Bachof*, DVBl. 1951, 13; *Bettermann*, Grundrechte III/2, 534, 898; *Engelhardt*, JböR NF 8 (1959), 101 (102); *Kalkbrenner*, DVBl. 1962, 695 (698).

[3] So weit faßt aber *v. Hippel*, HdbDStR II, 546, den Begriff des richterlichen Prüfungsrechts.

[4] Vgl. Art. 93 I 2 GG, § 47 VwGO, §§ 90, 93 II, 95 III BVerfGG.

(2) Des öfteren wird auch der Begriff „Berliner Sache“ verwendet. Hierunter soll zunächst mit *Knoll*[5] ein von einem oberen Bundesgericht zu entscheidender Rechtsfall verstanden werden, dessen Vorinstanzen Berliner Gerichte waren. Diese Definition unterscheidet sich damit von der *Lerches*[5a], der mit ihr grundsätzlich die Fälle zu erfassen sucht, in denen das Bundesverfassungsgericht unzuständig ist.

(3) Mit „in Berlin geltendem Bundesrecht“ ist das Recht gemeint, das der Bundesgesetzgeber formuliert hat und das mit der Autorität des Berliner Gesetzgebers in Berlin in Kraft gesetzt wurde[6]. Die Formulierung „in Berlin geltendes Bundesrecht“ wurde gewählt, weil sie keine Stellungnahme zu der in der Literatur umstrittenen Frage enthält, welchen Rang dieses Recht hat: ob es Bundes- oder Landesrecht ist.

---

[5] JR 1963, 361 (362 zu und in Anm. 5); ebenso BVerfGE 19, 377 (382).

[5a] Leibholz-Festschrift II, 476.

[6] *(Blomeyer-)Wengler*, Rechtsgutachten, 3 sub b, der jedoch diesen Sachverhalt mit dem Terminus „Berliner Bundesrecht“ umschreibt.

ERSTER TEIL

Der Umfang des richterlichen Prüfungsrechts nach der Verfassung von Berlin

Art. 64 II der Verfassung von Berlin vom 1. September 1950 (VOBl. I S. 433) bestimmt: „Die Gerichte sind nicht befugt, Gesetze und Verordnungen, die das Abgeordnetenhaus beschlossen hat, auf ihre Verfassungsmäßigkeit zu prüfen.“

Art. 85 BV lautet:

„Bisherige Rechtsvorschriften, die im Widerspruch zu dieser Verfassung stehen, sind innerhalb der vierjährigen ersten Wahlperiode vom Abgeordnetenhaus außer Kraft zu setzen.“

Durch diese Bestimmungen wird das richterliche Prüfungsrecht in bestimmtem Umfang eingeschränkt.

Erstes Kapitel

Der Inhalt der Art. 64 II, 85 BV

§ 1 Die Regelung des Art. 64 II BV

I. Die Abgrenzung zu Art. 85 BV

Im Gegensatz zu Art. 85 BV bezieht sich Art. 64 II BV auf nachkonstitutionelles — d. h. nach dem 30. September 1950 verkündetes — Recht.

II. Der Prüfungsmaßstab

Da Art. 64 II BV die Überprüfung der „Verfassungsmäßigkeit“ verbietet und die Bestimmungen anderer Landesverfassungen, in denen das Wort „Verfassungsmäßigkeit“ als Angabe des Prüfungsmaßstabes für die Normenkontrolle verwendet wird[7], übereinstimmend dahin ausgelegt werden, daß hiermit nur die betreffende Landesverfassung, nicht aber sonstiges höherrangiges Recht gemeint sei[8], liegt es nahe zu vermuten, daß auch dem Art. 64 II BV eine solche Auslegung zugrunde zu legen ist, und infolgedessen das richterliche Prüfungsrecht insoweit besteht, als eine Norm zwar nicht an der Verfassung von Berlin, wohl aber an sonstigem höherrangigem Recht, insbesondere am Grundgesetz gemessen werdei darf[9]. Hätte der Berliner Verfassungsgeber das richterliche Prüfungsrecht auch in dieser Beziehung ausschließen wollen, so hätte er, sollte man meinen, das Wort „Rechtmäßigkeit" zur Umschreibung des Prüfungsmaßstabes gewählt. Diese Argumentation ist jedoch unzutreffend.

---

[7] Art. 65, 92, 98 S. 4 bayVerf.; Art. 140, 142 bremVerf.; Art. 131, 133 hessVerf.; Art. 130 III a. F. rh-pfVerf.; Art. 99 saarlVerf.

[8] BayVfGH (n. F.) 1 II 64 (69), 5 II 13 (17), 10 II 31 (40), 13 II 127 (130), 13 II 153 (160), 17 II 84 (87), 17 II 94 (96), zu Art. 98 S. 4 bayVerf. Ferner *Nawiasky-Leusser-Gerner-Schweiger-Zacher*, Bay. Verfassung, Art. 92 Rdnr. 4; *(Mang-Maunz-)Mayer-(Obermayer)*, Staats- und Verwaltungsrecht, 60.

Spannhake, Brem. Verfassungsrecht, 110.

HessStGH AöR 77, 323 (327).

Süsterhenn-Schäfer, Rheinland-pfälz. Verfassung, Art. 130 Anm. 3 c zu Art. 130 III a. F.

Friesenhahn, Referat, 3/4; *v. Hammerstein*, Verhältnis, 12.

[9] Das OVG Berlin hat anfangs (Bd. 3 S. 146 [154]) offengelassen, dann (Bd. 4 S. 102 [107]) klar ausgesprochen, daß Art. 64 II BV eine Normenkontrolle am Grundgesetz nicht ausschließt. In späteren Entscheidungen (Bd. 4 S. 164 [165/166]; Bd. 6 S. 105 [106]) werden seine Ausführungen ungenauer, wenn es zwar Normen des Grundgesetzes zur Prüfung heranzieht, aber unbestimmt läßt, ob ein solches Verfahren bereits von Art. 64 II BV zugelassen oder erst wegen dessen Nichtigkeit (Grundgesetzwidrigkeit) ermöglicht wird. Im ersten Fall würde „Verfassungsmäßigkeit" Übereinstimmung mit der Verfassung von Berlin bedeuten und Erörterungen über die Gültigkeit des Art. 64 II BV wären überflüssig, im zweiten Fall wäre unter „Verfassungsmäßigkeit" auch Grundgesetzmäßigkeit zu verstehen und das OVG Berlin hätte, ohne darauf hinzuweisen, seine frühere — und wie es selbst (Bd. 4 S. 102 [107]) betont — ständige Rechtsprechung aufgegeben.

Das Kammergericht (JR 1964, 303) hat ausgeführt, daß „Verfassungsmäßigkeit" in Art. 64 II BV nicht nur Übereinstimmung mit der Verfassung von Berlin bedeutet, jedoch eine positive Bestimmung der Wortbedeutung unterlassen, weil es Art. 64 II BV für grundgesetzwidrig hält.

Der Senat von Berlin entnimmt Art. 64 II BV, daß er eine „richterliche Nachprüfung der vom Abgeordnetenhaus beschlossenen Gesetze auf ihre *Vereinbarkeit mit der Landesverfassung* untersagt" (Denkschrift, Abgh-Drs. II/1759, III 3).

In der Lehre wird das Problem nicht näher erörtert. „Verfassungsmäßigkeit" wird mit Gesetz- und Verfassungsmäßigkeit gleichgesetzt von *Plischke*, Berlin, 106; ders., Government, 43; für „Verfassungsmäßigkeit" = Rechtmäßigkeit wohl auch *Bettermann*, Grundrechte III/2, 899, 901; ders., ZZP 72 (1959), 32 (33/34). Wörtlich wird „Verfassungsmäßigkeit" von *Bachof-Jesch*, JböR NF 6, 47 (51/52), *Bley*, JR 1953, 37 (38 sub II 3), *Landsberg-Goetz*, Verfassung von Berlin, Art. 64 Erl. 2, interpretiert.

1. Heranziehung von Parallelbestimmungen

Die Heranziehung der Auslegung der Bestimmungen anderer Landesverfassungen ist ohne Beweiskraft für Art. 64 II BV, weil die verglichenen Bestimmungen den Prüfungsmaßstab für die Normenkontrolle durch das *Landesverfassungsgericht* festsetzen, nicht aber — wie Art. 64 II BV — auch für alle übrigen Gerichte. Die auf die Landesverfassungsgerichtsbarkeit bezogene Auslegung beruht auf einer verbreiteten und auch durch positives Landesverfassungsrecht bestätigten[10] Lehre[11], wonach die Kompetenz einer Verfassungsgerichtsbarkeit auf die Kontrolle am Maßstab der Verfassung begrenzt ist, der sie angehört. Ob diese Lehre richtig ist, kann dahingestellt bleiben; denn ihre Vertreter erkennen an, daß die Beschränkung nur für das Landesverfassungsgericht, nicht aber für sonstige Gerichte des Landes besteht[12].

2. Der Wortlaut des Art. 64 II BV

Auch der Nichtgebrauch des Wortes „Rechtmäßigkeit“ zwingt nicht dazu, das Wort „Verfassungsmäßigkeit“ auf die Verfassung von Berlin zu beschränken.

Berücksichtigt man nämlich den dem richterlichen Prüfungsrecht entzogenen Prüfungsgegenstand: Gesetze und Verordnungen[13], die das Abgeordnetenhaus beschlossen hat, so war zum Zeitpunkt der Entstehung der Verfassung für den Verfassungsgeber die Berliner Verfassung die einzige höherrangige Norm, an der ein Gesetz des Abgeordnetenhauses überprüft werden konnte, weil man damals von der Nichtzugehörigkeit Berlins zur Bundesrepublik und der Nichtgeltung des Grundgesetzes sowie sonstigen Bundesrechts ausging[14].

---

[10] Vgl. Art. 68 I bad-württVerf.; Art. 64 II hbgVerf.; Art. 42 I ndsVerf.; Art. 75 Nr. 3 nrwVerf.; Art. 130 III n. F. rh-pfVerf.; Art. 37 Nr. 2 schl-hVerf.

[11] BVerfGE 10, 285 (293 sub b); 17, 319 (329 sub II 1 a); *Friesenhahn*, Referat, 3/4; *v. Hammerstein*, Verhältnis, 11; *Stern*, DVBl. 1963, 696 (701 zu Anm. 70) mit weiteren Nachweisen.
Kritisch gegenüber der Vorstellung getrennter Verfassungsräume zwischen Bund und Ländern, auf der die Kompetenzbegrenzung der Verfassungsgerichte beruht, *Lerche*, VVDStRL 21, 66 (84 in FN 65).

[12] *Friesenhahn*, Referat, 5 sub d; *v. Hammerstein*, Verhältnis, 19.

[13] Nach dem Wortlaut des Art. 64 II entsteht der Eindruck, als würden in Berlin Verordnungen vom Parlament beschlossen. Das ist nicht der Fall, wenngleich das Abgeordnetenhaus Verordnungen abändern oder aufheben kann, Art. 47 I 2 BV.
Der Wortlaut des Art. 64 II BV beruht offensichtlich auf einem Redaktionsversehen: In Art. 35 und 36 des SPD-Entwurfs zur Verfassung von Berlin (StVV-Drs. I/60) war vorgesehen, daß auch Verordnungen vom Landtag beschlossen werden. Diese Regelung wurde später fallengelassen und man hat anscheinend übersehen, daß die Fassung des Art. 64 II BV noch ein Relikt dieser Regelung darstellt.

[14] Vgl. die Äußerungen des Berichterstatters des Verfassungsausschusses Dr. *Suhr*, StVV-StenBer. II/S. 529, 530.

Diese Meinung wird heute im westdeutschen Schrifttum nicht mehr vertreten[15]. Ohne zum Verhältnis zwischen Berlin und der Bundesrepublik im einzelnen Stellung zu beziehen, läßt sich doch sagen, daß das Grundgesetz wenigstens teilweise auf Grund des Art. 87 III BV und das übrige Bundesrecht nach Übernahme durch das Berliner Abgeordnetenhaus in Berlin gelten, so daß Kollisionen mit der Nichtigkeitsfolge für das widersprechende Berliner Landesrecht denkbar sind.

Läßt sich aus dem Wortlaut des Art. 64 II BV nichts *für* eine Beschränkung des Prüfungsverbots auf den Maßstab der Verfassung von Berlin entnehmen, so ergeben weitere Überlegungen gute Gründe *gegen* eine Beschränkung.

Mit dem Wortlaut des Art. 64 II BV wäre es durchaus vereinbar, auch das Grundgesetz als Prüfungsmaßstab in Erwägung zu ziehen. Diese Erwägung erwächst zur Gewißheit, wenn man im Zusammenhang mit Art. 64 II auch Art. 87 III BV liest. Diese Norm „rezipiert"[16] das Grundgesetz nach Berlin, soweit dessen Anwendung in Berlin keinen Beschränkungen unterliegt. Das Grundgesetz gilt also mit dem erwähnten Vorbehalt — auch oder nur[17] — kraft des Willens des Berliner Verfassungsgebers in Berlin, ist also Berliner Verfassungsrecht[18].

Selbst wenn man also die Bedeutung des Wortes „Verfassungsmäßigkeit" eng fassen will, so gehört das Grundgesetz als Bestandteil des Berliner Verfassungsrechts mit zum Prüfungsmaßstab in Art. 64 II BV. Es muß jedoch betont werden, daß bei dieser Auslegung nur das rezipierte Grundgesetz Prüfungsmaßstab im Sinne des Art. 64 II BV ist, nicht das kraft Bundesgewalt geltende Grundgesetz.

Daß auch dieses Prüfungsmaßstab im Sinne des Art. 64 II BV sein kann, ergibt sich sowohl aus dem Sinn dieser Bestimmung (3) als auch aus ihrer Entstehungsgeschichte (4).

3. Der Sinn des Art. 64 II BV

Versucht man, den Sinn des Art. 64 II BV zu ergründen, so muß man in Betracht ziehen, daß Art. 64 II nur die Rechtsetzungsprodukte des Parlamentes dem richterlichen Prüfungsverbot unterstellt. Hiermit gibt

---

[15] Nachweise auf S. 51 Anm. 126.

[16] Der Sinn dieser Rezeption ist mit *(Blomeyer-)Wengler*, Rechtsgutachten, 2, darin zu sehen, daß Berlin trotz der alliierten Vorbehalte zum Grundgesetz die Stellung verschafft werden sollte, als ob es Bestandteil der Bundesrepublik wäre. Vgl. auch *Wengler*, Revue égyptienne 15 (1959), 1 (9); ders., Leibholz-Festschrift II, 941 ff.
Zum Problem, ob mit der Rezeption durch Art. 87 III BV das Grundgesetz in seiner jeweils geltenden Fassung übernommen wurde, vgl. *Böhm* JR 1964, 121 (122); ders., Berliner Verfassung, 84 ff.

[17] Dazu braucht hier nicht Stellung bezogen zu werden.

[18] *Suhr*, StVV-StenBer. II/S. 530.

der Verfassungsgeber zu erkennen, daß dem Parlament eine besondere Stellung eingeräumt werden soll, kraft derer seine förmlichen Gesetze vom Richter als gültig hinzunehmen sind[19]. Dieser Gedanke war schon immer eines der Hauptargumente gegen die Erstreckung des richterlichen Prüfungsrechts auf förmliche Gesetze[20].

Berücksichtigt man diese Bewertung der Stellung des Parlamentes, so würde jede Form der Normenkontrolle, sei es als Kontrolle an einem Landesgesetz, an der Verfassung von Berlin, an Bundesrecht, am Grundgesetz oder an überpositivem Recht zu einem contempt of parliament führen, sofern nur das Ergebnis der Kontrolle die *Ungültigkeit* der geprüften Rechtsnorm ist. Da die Ungültigkeit einer Rechtsnorm auf ihrer *Rechtswidrigkeit* beruht[21], spricht der Sinn des Art. 64 II BV dafür, „Verfassungsmäßigkeit" mit „Rechtmäßigkeit" zu identifizieren.

4. *Die Entstehungsgeschichte*

Diese Bedeutung des Wortes „Verfassungsmäßigkeit" ergibt sich auch aus der Entstehungsgeschichte des Art. 64 II BV[22], zwar weniger aus dessen früheren Fassungen — sie waren im wesentlichen gleich[23] — als vielmehr aus den Ansichten der Diskussionsredner vor dem Plenum der Stadtverordnetenversammlung[24]. Im Vordergrund der Diskussion stand allerdings nicht die Regelung des Art. 64 II BV, sondern der Kom-

---

[19] So auch OVG Berlin Bd. 3 S. 146 (155). Derselbe Gedanke liegt auch den von französischen Vorbildern inspirierten Art. 99, 113 II saarlVerf. vom 15. Dezember 1947 (ABl. S. 1077) zugrunde; vgl. *Stöber*, Saarl. Verfassung, 10; *Thieme*, JböR NF 9 (1960), 423 (433 sub 6). Inzwischen wurden jedoch diese Bestimmungen zugunsten der Zuständigkeit des Verfassungsgerichtshofs zur Normenkontrolle geändert; vgl. Gesetz Nr. 548 vom 20. Dezember 1956 (ABl. S. 1657), Gesetz Nr. 640 vom 1. Juli 1958 (ABl. S. 735).

[20] Vgl. BVerfGE 1, 184 (198).

[21] *Bettermann*, Grundrechte III/2, 899/900; H. J. *Müller*, DVBl. 1962, 158 (162); kritisch *Böckenförde*, Nichtigkeit, 23 f., 25; *Hoffmann*, JZ 1961, 193 (195 f.); *Rupp*, JuS 1963, 469 ff.

[22] Die Deutung der Entstehungsgeschichte des Art. 64 II BV durch *Knoll*, JR 1963, 361 (363 sub II 1 a aa), ist unhaltbar. Der „totalitäre Anspruch der Parlamentsmehrheit bzw. der hinter ihr stehenden totalitären Partei", der mit Art. 64 II BV unter dem Anschein der Rechtsstaatlichkeit angeblich gesichert werden sollte, bestand in Wahrheit nicht, was jeder bestätigen wird, der die heftigen Auseinandersetzungen zwischen der SED und den sich in der Mehrheit befindlichen bürgerlichen Parteien einschließlich der SPD bei der Entstehung der Verfassung verfolgt und weiß, daß Art. 64 II BV auch und gerade von der SPD gebilligt wurde.

[23] Die dem Art. 64 II BV vorausgehenden Fassungen finden sich in StVV-Drs. I/79 (Vorlage Nr. 605) als Art. 41 II und in StVV-Drs. I/99 (Vorlage Nr. 715) als Art. 63 II.

[24] Der Zugang zu den Sitzungsberichten des Verfassungsausschusses ist dem Verfasser unter Hinweis auf § 25 VI 4 der Geschäftsordnung des Abgeordnetenhauses von Berlin vom 3. Januar 1952 (GVBl. S. 213) i. d. F. vom 15. Juli 1955 (GVBl. S. 855) verwehrt worden.

plex der Staatsgerichtsbarkeit als ganzer einschließlich der Normenkontrolle.

Man berief sich bei der Ablehnung der Normenkontrollbefugnis des Richters, sei es des Verfassungs-, sei es des einfachen Richters, auf das Versagen der Staatsgerichtsbarkeit in der Weimarer Zeit und die übrigen dort gemachten Erfahrungen[25]. Das Heilmittel erblickte man in einer Aufwertung der Stellung des Parlamentes[26], die die SED durch die Abschaffung des Grundsatzes der Gewaltenteilung herbeizuführen suchte[27]. Auch die SPD argumentierte mit dem Gewaltenteilungsgrundsatz; jedoch erkannte sie ihn im Gegensatz zur SED an, hielt ihn aber für verletzt und die Stellung des Parlamentes für geschmälert, wenn man eine Normenkontrolle durch den Verfassungsgerichtshof billigte, weil damit die Justiz über das Parlament gestellt werden würde[28]. Schließlich betonten SPD und SED den politischen Charakter der Entscheidungen, die im Rahmen der Staatsgerichtsbarkeit gefällt werden[29]. Politische Entscheidungen gehörten ihrer Ansicht nach vor die dafür zuständige Körperschaft: das Parlament[30] [31]. Angesichts dieser Argumente verwundert es nicht, wenn der Stadtv. Dr. *Suhr* als Berichterstatter des Verfassungs-

---

[25] Stadtv. Dr. *Suhr* (SPD) in der 41. Sitzung, StVV-StenBer. I/S. 17; Stadtv. *Litke* (SED) a. a. O., S. 46, 55; Stadtv. Dr. *Lucht* (SPD), 60. Sitzung, a. a. O., S. 23; Stadtv. Frau *Lucht-Perske* (SPD), 65. Sitzung, a. a. O., S. 95.

[26] Stadtv. *Litke* (SED), 41. Sitzung, a. a. O., S. 55; Berichterstatter Stadtv. Dr. *Suhr* (SPD), 52. Sitzung, a. a. O., S. 12, 13; Stadtv. Dr. *Lucht* (SPD), 62. Sitzung, a. a. O., S. 72.

[27] Stadtv. *Litke* (SED), 41. Sitzung, a. a. O., S. 55; referierend Berichterstatter Stadtv. Dr. *Suhr* (SPD), 52. Sitzung, a. a. O., S. 12; Stadtv. *Litke* (SED), 60. Sitzung, a. a. O., S. 42—45.

[28] Berichterstatter Stadtv. Dr. *Suhr* (SPD), 60. Sitzung, a. a. O., S. 15; Stadtv. Frau *Lucht-Perske* (SPD), 65. Sitzung, a. a. O., S. 95.

Dasselbe Argument wurde in der Entstehungsgeschichte des Art. 99 a. F. saarlVerf. verwendet, vgl. *Stöber*, Saarl. Verfassung, 370.

[29] Berichterstatter Stadtv. Dr. *Suhr* (SPD), 60. Sitzung, a. a. O., S. 15; Stadtv. *Litke* (SED) 62. Sitzung, a. a. O., S. 67.

[30] Konsequenterweise wollte die SED in einem Abänderungsvorschlag zu Art. 71 der StVV-Drs. I/99, dem heutigen Art. 72 BV, folgende Regelung treffen: „Wird die Verfassungsmäßigkeit oder Rechtmäßigkeit (!) eines Gesetzes angezweifelt, sind Einwendungen an das Präsidium der Stadtverordnetenversammlung zu richten.

Das Präsidium ist verpflichtet, den Rechtsausschuß der Stadtverordnetenversammlung einzuberufen, seine Stellungnahme herbeizuführen und sie der Stadtverordnetenversammlung zur Entscheidung zu unterbreiten. Der Rechtsausschuß kann Gerichtspräsidenten und andere rechtsgelehrte Sachverständige gutachtlich hören."

Vgl. auch Art. 4, 66, 89 der Verfassung der DDR vom 7. Oktober 1949 (GBl. I S. 5).

[31] Über die Stichhaltigkeit der angebotenen Argumente kann man streiten — sie braucht hier aber nicht untersucht zu werden. Die Gegenargumente von Sprechern der CDU und LDP wirken weitaus überzeugender, vermochten sich aber ebensowenig wie ein Änderungsantrag zu Art. 71 (vgl. StVV-Drs. I/105), der eine Regelung wie in Art. 142 bremVerf. vorsah, durchzusetzen.

ausschusses äußerte: „Jede Entscheidung eines Verfassungsgerichtshofes *über die Gesetzmäßigkeit*[32] oder Verfassungsmäßigkeit eines Gesetzes scheint mir nach der Debatte im Verfassungsauschuß von der Mehrheit als eine politische Entscheidung angesehen zu werden und sollte deshalb nicht einem Gericht überantwortet werden“[33].

Logisch konsequent hatte Dr. *Suhr* damit zum Ausdruck gebracht, daß es, wo es um die Zuordnung „politischer“ Entscheidungen und die „Vormachtstellung“ des Parlamentes geht, unerheblich ist, an welchen Normen Parlamentsbeschlüsse gemessen bzw. auf Grund welcher Normen „politische“ Entscheidungen gefällt werden. Was auch immer Prüfungsmaßstab sein mag, in jedem Fall bleibt die Entscheidung eine „politische“, wenn der Parlamentsbeschluß für nichtig erklärt wird. Das bedeutet aber, daß nach den in der Entstehungsgeschichte der Art. 64 II, 72 III BV verwendeten Argumenten „Verfassungsmäßigkeit“ nur „Rechtmäßigkeit“ bedeuten kann[34].

Nach alle dem entspricht es dem Sinn der Vorschrift und den Intentionen des Verfassungsgesetzgebers, das Wort „Verfassungsmäßigkeit“ mit „Rechtmäßigkeit“ gleichzusetzen.

5. *Das Argument aus Art. 85 BV*

Gegen dieses Ergebnis spricht auch nicht die Fassung des Art. 85 BV, der — im Wortlaut eindeutiger als Art. 64 II BV — die Außerkraftsetzung von „Rechtsvorschriften, die im Widerspruch zu *dieser* Verfassung stehen“, dem Parlament überträgt. Hieraus schließen zu wollen, daß Art. 64 II BV ebenfalls nur die Prüfung an der Verfassung von Berlin betrifft, erfordert Darlegungen darüber, daß beide Vorschriften trotz abweichenden Wortlauts analoge Sachfragen lösen. Eine solche Behauptung ließe sich aber nicht beweisen; denn ob der Verfassungsgeber das Verhältnis seiner Verfassung zu vorkonstitutionellem Recht regelt (Art. 85 BV) oder die Stellung des Parlamentes (Art. 64 II BV), sind zwei völlig verschiedene Probleme, die eine Auslegung des Art. 64 II BV entsprechend Art. 85 verbieten. Daß in beiden Fällen das richterliche Prüfungsrecht in bestimmtem Umfang ausgeschlossen wird, ist nur eine zufällige Übereinstimmung im Ergebnis.

Im Gegenteil ist Art. 85 BV als eine Bestätigung der Auslegung des Art. 64 II BV aufzufassen, weil die Differenz im Wortlaut sachlich gerechtfertigt ist und infolgedessen verschiedene Lösungen angemessen sind.

---

[32] Hervorhebung vom Verfasser.

[33] 60. Sitzung, StVV-StenBer. I/15.

[34] Denselben Schluß zieht *Plischke*, Berlin, 106; ders., Government, S. 43. Anders *Landsberg-Goetz*, Verfassung von Berlin, Art. 64 Erl. 2 (S. 177/8).

III. Der Prüfungsgegenstand

Der Gegenstand, der der richterlichen Prüfung durch Art. 64 II BV entzogen ist, wird mit „Gesetze und Verordnungen, die das Abgeordnetenhaus beschlossen hat", umschrieben.

1. Rechtsverordnungen?

Daß hierher keine Rechtsverordnungen gehören, wurde bereits dargelegt[35]. Infolgedessen unterliegen nur Gesetze im formellen Sinn dem richterlichen Prüfungsverbot.

2. Die Verfassung von Berlin

Fraglich ist jedoch, ob auch die Verfassung von Berlin und das in Berlin geltende Bundesrecht Gesetz i. S. des Art. 64 II BV sein können.

Die Einbeziehung der Verfassung von Berlin in das richterliche Prüfungsverbot, wie es Art. 64 II BV aufstellt, kann nur unter dem Gesichtspunkt zweifelhaft sein, daß sie nicht als Gesetz i. S. des Art. 64 II qualifizierbar ist bzw. daß „Verfassungsmäßigkeit" nur die Verfassung von Berlin als Prüfungsmaßstab meint; denn im letzten Fall wäre es im Ergebnis verboten, die Verfassung von Berlin an ihr selbst zu prüfen — ein Vorhaben, das rechtlich nur vertretbar ist, wenn man der Lehre von der verfassungswidrigen Verfassungsnorm[36] folgt, nach der es allerdings möglich ist, daß die Kollision zweier Normen *derselben* Verfassung mit dem Zurücktreten — der Ungültigkeit — einer der beiden gelöst wird.

Aber die Frage, ob die Verfassung von Berlin überhaupt sinnvoll unter Art. 64 II BV subsumiert werden kann, bedarf keiner weiteren Erörterung, weil bereits ausgeführt wurde, daß „Verfassungsmäßigkeit" mit „Rechtmäßigkeit" identisch ist. Denn damit steht fest, daß Art. 64 II BV auch die Prüfung an Normen, die zur Verfassung von Berlin höherrangig sind, verboten hat.

Auch ist die Verfassung von Berlin „Gesetz" i. S. des Art. 64 II. Sie wurde zwar nicht vom Abgeordnetenhaus, sondern von der Stadtverordnetenversammlung von Berlin beschlossen; jedoch ist dieser Umstand ohne Belang, weil die Verfassung von Berlin als „Abgeordnetenhaus" bezeichnet, was unter der alten Verfassung die „Stadtverordnetenversammlung" war[37].

---

[35] Vgl. oben S. 19 Anm. 13.

[36] Dazu vor allem *Bachof,* Verfassungswidrige Verfassungsnormen; BVerfGE 3, 225 ff.

[37] Vgl. OVG Berlin Bd. 1 S. 39 (46), das für das entsprechende Verhältnis „Senat" — „Magistrat" sogar von einem Fall der Identität auszugehen scheint.

Schließlich folgt aus dem Sinn des Art. 64 II BV per argumentum a minore ad maius, daß, wenn schon die einfachen Gesetzgebungsprodukte sakrosankt sind, es um so mehr auch die höherrangigen sein müssen.

3. *Das in Berlin geltende Bundesrecht*

Die Frage, ob das in Berlin geltende Bundesrecht dem richterlichen Prüfungsverbot des Art. 64 II BV unterliegt, ist deswegen zu untersuchen, weil ohne einen Akt des Abgeordnetenhauses kein vom Bund gesetztes Recht in Berlin Geltung erlangen kann[38], mit anderen Worten weil das Abgeordnetenhaus bei der Inkraftsetzung des Bundesrechts mitwirkt[39]. Heute besteht dieser Mitwirkungsakt auf Grund des Dritten Überleitungsgesetzes vom 4. Januar 1952 (BGBl. I S. 1/GVBl. S. 393) im Erlaß eines Mantelgesetzes[40], in dessen Anlage das übernommene Bun-

[38] Das beruht auf dem Genehmigungsvorbehalt der Alliierten zum Grundgesetz; h. M. Vgl. statt vieler BVerfGE 7, 1 (13); *Finkelnburg*, JuS 1968, 10; *Sendler*, JR 1958, 81 (82 sub 3); *Wengler*, Leibholz-Festschrift II, 944 f.; a. A. *Steuerwald*, JR 1957, 5 (6 ff.).

[39] Über die Rechtsnatur des dadurch entstehenden Rechts: ob Bundes- oder Landesrecht, ist hier nicht zu handeln. Sie läßt sich mit begrifflichen Argumenten auch gar nicht bestimmen; denn bei der Frage der Anwendbarkeit einer Norm, deren Tatbestand das Wort Bundesrecht (oder Landesrecht) enthält, kann jeweils nur durch Auslegung der betreffenden Norm festgestellt werden, ob das in Berlin geltende Bundesrecht als Bundesrecht oder Landesrecht i. S. der betreffenden Norm zu behandeln ist (ähnlich *Czermak*, Stellung Berlins, 62). Hierbei ist von Bedeutung, daß der Begriff Bundesrecht mehrdeutig ist: Man kann ihn danach definieren, auf wessen Autorität die Geltung der Rechtsnorm beruht, oder danach, wer ihren Inhalt formuliert hat (vgl. *[Blomeyer-]Wengler*, Rechtsgutachten, 3 sub b). Das in Berlin geltende Bundesrecht ist vom Bund formuliertes Recht.

[40] Dieses Mantelgesetz soll nicht nur dem vom Bund formulierten Recht Geltung in Berlin verschaffen; denn dies hätte lediglich zur Folge, daß im Bundesgebiet und im Gebiet von Berlin *zwei* gleichlautende Gesetze gelten (*Wengler*, Leibholz-Festschrift II, 943). Sinn der Mantelgesetzgebung ist es vielmehr, darüber hinaus klarzustellen, daß das Recht des Bundes auch auf solche Sachverhalte anzuwenden ist, deren Regelung oder Entscheidung nicht unter die Gebietshoheit Berlins fällt, soweit diese Anwendung nach interlokalrechtlichen Grundsätzen ausgeschlossen wäre (*Wengler*, a. a. O., 948) Das Mantelgesetz hat also insoweit die Funktion einer Kollisionsnorm. Eine entsprechende Kollisionsnorm für die Bundesorgane enthält die Berlin-Klausel in den Bundesgesetzen: Bundesorgane dürfen das vom Bund formulierte Recht auch auf Berliner Sachverhalte anwenden. Der Effekt, der damit erreicht wird, ist der, daß hinsichtlich der Anwendung von Bundesrecht das Bundesgebiet und das Berliner Gebiet als *einheitliches* Gebiet, als Inland, angesehen werden müssen (*[Blomeyer]-Wengler*, Rechtsgutachten, 4 Anm. 2; *Wengler*, Leibholz-Festschrift II, 949. Über weitere wesentliche Aspekte der Rezeption vgl. *Wengler*, a. a. O., 949 ff.).

Für die entwickelte Auslegung der Mantelgesetze und der Berlin-Klausel spricht, daß auch Bundesgesetze nach Berlin übernommen werden, die für das Gebiet von Berlin nicht praktisch werden können, z. B.:

§§ 14—26 des Gesetzes über das gerichtliche Verfahren in Binnenschiffahrts- und Rheinschiffahrtssachen vom 27. September 1952 (BGBl. I S. 641/GVBl.

desgesetz wiedergegeben wird[41]. Schon vorher wurde die Mantelgesetzgebungstechnik praktiziert. Noch früher wurde auch die Form der Setzung parallelen Rechts durch das Abgeordnetenhaus verwendet[42].

Handelt es sich bei den verschiedenen Akten des Abgeordnetenhauses, mit denen es den Gesetzen des Bundes Geltung in Berlin verschafft, um Gesetzesbeschlüsse i. S. des Art. 64 II BV, so unterliegen auch sie dem richterlichen Prüfungsverbot. Die Verschiedenheit der Übernahmetechniken läßt auch eine Verschiedenheit hinsichtlich der Qualifizierung des Übernahmeaktes des Abgeordnetenhauses vermuten. Eine nähere Untersuchung kann allerdings diese Vermutung nicht in vollem Umfang bestätigen.

Beginnt man mit der heute praktizierten Form der Mantelgesetzgebung, so fällt auf, daß die sonst überlicherweise einem Gesetzgeber zustehende Entscheidungsfreiheit über die Frage, ob und mit welchem Inhalt er ein Gesetz erlassen will, dem Berliner Abgeordnetenhaus bei der Übernahme eines Bundesgesetzes fehlt; denn das Dritte Überleitungsgesetz normiert zum einen eine Übernahmepflicht[43], zum anderen

---

S. 1051); das Bannmeilengesetz vom 6. August 1955 (BGBl. I S. 504/GVBl. S. 733); das Gesetz über die Eingliederung des Saarlandes vom 23. Dezember 1956 (BGBl. I S. 1011/GVBl. 1957 S. 74); das Gesetz zur Bereinigung des Bundesrecht gewordenen ehemaligen bayerischen Landesrechts vom 7. November 1959 (BGBl. I S. 678/GVBl. S. 1198); das Gesetz über eine Gemeindeeinfuhrsteuer auf der Insel Helgoland vom 17. November 1959 (BGBl. I S. 685/GVBl. S. 1221); Gesetz zur Änderung der Finanzgerichtsordnung des Saarlandes vom 10. August 1963 (BGBl. I S. 674/GVBl. S. 912); Gesetz über den Übergang des zur Bundeswasserstraße Elbe gehörigen Nebenarms „Alte Süderelbe" auf die Freie und Hansestadt Hamburg vom 23. Juni 1964 (BGBl. II S. 721/GVBl. S. 722); Gesetz zur vorläufigen Regelung der Rechte am Festlandssockel vom 24. Juli 1964 (BGBl. I S. 497/GVBl. S. 821).

Die in der Berlin-Klausel enthaltene Kollisionsnorm hat der Bundesgesetzgeber beispielsweise in Art. 6 des Strafrechtsänderungsgesetzes vom 30. 8. 1951 (BGBl. S. 739/GVBl. 1952 S. 994) und in Art. 9 des Dritten Strafrechtsänderungsgesetzes vom 4. August 1953 (BGBl. I S. 735/GVBl. S. 758) ausdrücklich formuliert.

[41] Eine vereinfachte Form des Mantelgesetzes wird seit dem Gesetz zur Übernahme von Gesetzen vom 26. Mai 1966 (GVBl. S. 885) praktiziert. In der Sache hat sich hierdurch aber nichts geändert. Neuerdings werden auch mehrere Bundesgesetze zugleich durch *ein* Mantelgesetz übernommen, vgl. Gesetz zur Übernahme von Gesetzen vom 27. Juni 1966 (GVBl. S. 973).

[42] Einzelheiten bei *Kreutzer*, JR 1951, 641 ff. Die verfassungsrechtlichen Bedenken *Ossenbühls* (DVBl. 1967, 401 ff.; gegen ihn *Schröcker*, NJW 1967, 2285) gegen die Verweisung als Mittel der Gesetzgebungstechnik greifen in allen Fällen der Berliner Verweisungstechnik nicht durch, weil es sich jeweils um „statische" Verweisungen i. S. *Ossenbühls* handelt.

[43] „Bundesrecht ... wird ... in Kraft gesetzt", § 12 I, § 13 I 3. ÜLG. Vgl. überdies die höchst wirksame Sanktion in § 19 II 3. ÜLG. Wie hier *Drath*, AöR 82 (1957), 27 (65 sub 2); *Kreutzer*, DÖV 1955, 11 (13). Weniger als Übernahme*pflicht*, sondern mehr als Übernahme*last* interpretiert *Lush*, Int. Comp. L. Quart. 14 (1965), 742 (761), die §§ 12, 13 und 19 des 3. ÜLG.

werden bis ins einzelne die Voraussetzungen angegeben, unter denen der Berliner Gesetzgeber inhaltliche Änderungen an dem zu übernehmenden Gesetz vornehmen darf, § 15 3. ÜLG.

Berücksichtigt man angesichts dieses Umstandes den Zweck und Sinn des Art. 64 II BV, der darin erblickt wurde, die Autorität des Gesetzgebers gegenüber den anderen Gewalten zu sichern, so läßt sich die Theorie aufstellen, daß Art. 64 II BV nur dann eingreift, wenn die richterliche Kontrolle einen Autoritätsverlust *des Abgeordnetenhauses* nach sich ziehen würde. Ein solcher Autoritätsverlust tritt aber nur ein, wenn und soweit das Abgeordnetenhaus eine eigene Entscheidung trifft, nicht aber wenn es Vollzugsakte eines fremden Willens erläßt. Gesetz i. S. des Art. 64 II BV ist nur die eigenverantwortlich getroffene Entscheidung des Abgeordnetenhauses in Gesetzesform.

Freilich bedarf diese Aussage einer Präzisierung. Man könnte nämlich meinen, daß die These vom Autoritätsschutz der gesetzgeberischen Entscheidung durch Art. 64 II BV deswegen unrichtig ist, weil Art. 64 II auch dort eine Kontrolle verbietet, wo dem Gesetzgeber das Ob und das Wie seiner Entscheidung bereits vorgeschrieben sind. Es gibt nämlich zahlreiche Bestimmungen, die die Entscheidungen des Gesetzgebers präjudizieren: Er muß seine Kompetenzen einhalten, darf nicht über das zulässige Maß hinaus in Grundrechte eingreifen, ja es gibt sogar Fälle, in denen ihm vorgeschrieben wird, auf einem bestimmten Gebiet in einer bestimmten Weise tätig zu werden — man denke nur an Art. 6 V GG. Diese den Gesetzgeber bindenden Bestimmungen sind in der Verfassung oder sonstigem Recht (z. B. Rahmengesetzen) enthalten. Ihre Verletzung macht das betreffende Gesetzgebungsprodukt verfassungs- oder gesetzwidrig, auf jeden Fall rechtsungültig, nichtig. Da die Kontrolle, die die Einhaltung der an den Gesetzgeber adressierten Bestimmungen zum Gegenstand hat, durch Art. 64 II BV ausgeschlossen sein soll, folgt, daß Art. 64 II BV auch auf Gebieten, auf denen der Gesetzgeber gebunden ist, eine Kontrolle untersagt. Wo aber auch in Fällen der Bindung eine Kontrolle verboten sein

---

Nur angedeutet sei die Frage, worauf die Bindung des Berliner Gesetzgebers an das 3. ÜLG beruht, insbesondere ob er es durch einfaches oder qualifiziertes Gesetz aufheben kann. Man wird davon ausgehen müssen, daß das 3. ÜLG wie jede andere Rechtsnorm so weit und so lange verbindlich ist, wie es gilt. Der Gesetzgeber ist an sein eigenes Produkt nur so lange gebunden, wie er es nicht ändert oder aufhebt (vgl. BVerfGE 7, 120 [126]). Voraussetzung für die Anwendbarkeit dieses Grundsatzes ist jedoch, daß der Berliner Gesetzgeber zur Abänderung des 3. ÜLG kompetent ist. Diese Kompetenz fehlt ihm, wenn Berlin Bestandteil einer bundesstaatlichen Ordnung ist, die dem Bundesgesetzgeber die Gesetzgebungskompetenz für die durch das 3. ÜLG geregelte Materie gibt, oder wenn das 3. ÜLG als vorrangiges Bundesgesetz in Berlin gilt.

Die Zugehörigkeit Berlins zur Bundesrepublik ist streitig (vgl. unten S. 47 und 51). Die Alliierten, die von der Nichtzugehörigkeit Berlins zur Bundesrepublik ausgehen, halten das vom Abgeordnetenhaus übernommene Bundesrecht für durch das Abgeordnetenhaus aufhebbar, vgl. Presseverlautbarung Nr. 396 der Alliierten Hohen Kommission für Deutschland vom 18. Januar 1952, Dok. Nr. 147; ebenso *Lush*, Int. Comp. L. Quart. 14 (1965), 742 (761); vgl. auch *Wengler*, Leibholz-Festschrift II, 959 Anm. 42. Hinsichtlich der Anwendbarkeit des Art. 31 GG in Berlin vgl. S. 58 ff., 106 Anm. 41.

soll, kann es nicht Sinn dieses Kontrollverbotes sein, die Entscheidungsautorität des Gesetzgebers zu schützen.

Hierzu ist zweierlei zu bemerken:

(1) Die Fälle der Bindung des Gesetzgebers an höherrangige Normen müssen nicht notwendig seine Autorität beeinträchtigen. Denn auf jeden Fall gibt er incident mit dem Erlaß eines Gesetzes zu erkennen, ob und inwieweit er das an ihn adressierte und ihn bindende höherrangige Recht für anwendbar hält. Diese Entscheidung kann für andere Gewalten unangreifbar — autoritär — sein[44].

(2) Im Rahmen einer richterlichen Normenkontrolle sind überhaupt nur solche gesetzgeberischen Entscheidungen relevant, die in Befolgung höherrangigen Rechts ergingen. Bei der Normenkontrolle geht es um die Überprüfung der formellen und materiellen Rechtmäßigkeit der Norm; das bedeutet nach geltendem Recht die Feststellung der Vereinbarkeit mit höherrangigem Recht entsprechenden Inhalts, an das der Gesetzgeber gebunden ist. Nur diese Feststellung, die der Gesetzgeber bei und mit dem Erlaß eines Gesetzes zuvor im bejahenden Sinn getroffen hat[45], wird vom Richter nachgeprüft. Die Überprüfung von Entscheidungen des Gesetzgebers, die nicht durch ihn bindende Normen bereits getroffen sind, sind dem Richter auch sonst, d. h. außerhalb des Art. 64 II BV verwehrt.

Erweisen sich daher die Fälle der Bindung des Gesetzgebers an höherrangiges Recht als die einzig relevanten im Rahmen des Art. 64 II BV, so hat sich auch gezeigt, daß die Bindung an höherrangiges Recht und die Autorität des Gesetzgebers einander nicht ausschließen. Es kommt nur darauf an, wem gegenüber die Autorität besteht.

Präzise gefaßt, heißt die Ausgangsthese nunmehr: Nach Berlin transformiertes Bundesrecht darf auf Grund des Art. 64 II BV nur insoweit der richterlichen Normenkontrolle entzogen werden, als der Berliner Gesetzgeber — und nicht der Bundesgesetzgeber — mit dem Erlaß des Gesetzes zum Ausdruck bringt, daß er sein Handeln mit dem ihn bindenden Recht für vereinbar hält.

(a) Die Anwendung dieser These auf das heute übliche Mantelgesetzgebungsverfahren zeigt, daß der Berliner Gesetzgeber bei der Übernahme nur zwei höherrangigen gesetzlichen Bestimmungen unterliegt, nämlich der Übernahmepflicht der §§ 12 und 13 3. ÜLG und der Ermächtigung des § 15 3. ÜLG, die es ihm erlaubt, in bestimmtem Umfange Änderungen am Bundesgesetz vorzunehmen, die aber ihrerseits auf die Vereinbarkeit mit relevantem, den Gesetzgeber bindendem Recht zu überprüfen sind. Übernimmt der Berliner Gesetzgeber ein Bundesgesetz, so ist die Überprüfung des Mantelgesetzes auf seine Vereinbarkeit mit den §§ 12, 13 und 15 3. ÜLG dem Richter entzogen. Das Bundesgesetz

---

[44] Daß damit im Effekt ein Recht des Gesetzgebers zur falschen Entscheidung begründet wird, will in heutiges rechtsstaatliches Verständnis nicht hineinpassen.

[45] Es kommt nicht darauf an, daß der Gesetzgeber tatsächlich die erforderlichen Feststellungsentscheidungen getroffen hat. Mit dem Erlaß des betreffenden Gesetzes sind sie als getroffen anzusehen.

selbst, das als Anlage des Mantelgesetzes erscheint, unterliegt nicht dem Verbot des Art. 64 II BV, weil in ihm eine Entscheidung des Berliner Gesetzgebers über die Vereinbarkeit des Bundesgesetzes mit höherrangigem Recht nicht, auch nicht incident getroffen wird.

Man kann einwenden, daß der Berliner Gesetzgeber mit der Übernahme die Sachentscheidungen des Bundesgesetzgebers nachvollzogen und zu seinen eigenen gemacht, daß er sie gleichsam in seinen Willen aufgenommen habe. Aber auf Grund der Übernahmepflicht sind solche Entscheidungen des Abgeordnetenhauses, selbst wenn es sie getroffen haben sollte[46], rechtlich irrelevant; denn mit der Bejahung der Anwendbarkeit der §§ 12 und/oder 13 3. ÜLG und damit der Anerkennung der Übernahmepflicht entfällt jede weitere rechtliche Entscheidungsbefugnis des Abgeordnetenhauses, weil das Dritte Überleitungsgesetz für das Übernahmeverfahren die Entscheidungsbefugnis des Abgeordnetenhauses limitiert und das Abgeordnetenhaus selbst diese Limitierung anerkannt hat[47].

(b) Die Beurteilung des Mantelgesetzgebungsverfahrens, das dem Dritten Überleitungsgesetz vorausging, unterscheidet sich von dem nach dem Dritten Überleitungsgesetz nur dadurch, daß zweifelhaft ist, ob eine Pflicht zur Übernahme von Bundesrecht bestand, jedenfalls in den Fällen, in denen das Bundesrecht mit einer Berlin-Klausel versehen war.

In der Literatur wird diese Übernahmepflicht einhellig bejaht[48]. Zur Begründung beruft man sich auf die Zugehörigkeit Berlins zur Bundesrepublik und die daraus resultierende Treupflicht, die die Übernahme gebiete[49]. Eine Normierung dieses Prinzips wird in Art. 87 IV BV gesehen[50].

---

[46] Eine sehr theoretische Annahme, wenn man die Übernahmepraxis des Abgeordnetenhauses betrachtet.

[47] Nur gestreift werden kann in diesem Zusammenhang die Frage, ob ein Bundesgesetz auch ohne Berlin-Klausel von Berlin übernommen werden kann. Die Antwort ist durch Auslegung des § 13 3. ÜLG zu finden. Diese Vorschrift ist dahin zu verstehen, daß nur mit Berlin-Klausel versehene Gesetze von Berlin übernommen werden dürfen, weil die Berlin-Klausel als Entscheidung des Bundes über den Geltungsbereich des von ihm formulierten Rechtes zu werten ist, der sich Berlin mit Übernahme des Dritten Überleitungsgesetzes unterworfen hat. Aus dem Schweigen des Bundesgesetzgebers, der in ein von ihm formuliertes Gesetz eine Berlin-Klausel nicht aufgenommen hat, ist das Übernahmeverbot für Berlin zu entnehmen (a. A. *[Blomeyer-]Wengler*, Rechtsgutachten, 4 Anm. 2, ohne Begründung). Ob dieses Verbot so weit geht, daß Berlin auch kein paralleles Landesrecht setzen darf, hängt davon ab, ob damit Bundeskompetenzen, die Berlin zu beachten hat, überschritten werden.

[48] *Drath*, JR 1951, 385 (390); ders., AöR 82 (1957), 27 (65 sub 2); *Kleefisch*, Berlin-Klausel, 86; *Kreutzer*, ZtfPol. NF 1 (1954), 139 (147); *Sendler*, JR 1958, 127.

[49] So vor allem *Drath*, JR 1951, 385 (390); AöR 82 (1957), 27 (65 sub 2); ebenso BVerfGE 7, 1 (13); 19, 377 (389).

[50] *Sendler*, JR 1958, 128.

Sollte diese letzte Behauptung zutreffen, so könnte es dahingestellt bleiben, ob die Voraussetzung der Bundestreue, nämlich die Zugehörigkeit Berlins zum Bund, vorliegt sowie ob die Bundestreue eine solche Übernahmepflicht überhaupt enthält. Jedoch steht der lex generalis des Art. 87 IV BV eine lex specialis in Art. 87 II BV gegenüber, die dem Berliner Gesetzgeber ausdrücklich Ermessen bei der Frage des Ob einer Übernahme einräumt[50a]. Der Versuch, das Wort „kann" in „muß" umzudeuten[51], erscheint unglücklich. Die Erörterung der Zugehörigkeit Berlins zur Bundesrepublik sowie des Inhalts der Bundestreue würden jedoch weit über den Rahmen dieser Arbeit hinausführen. Infolgedessen ist der weitere Lösungsweg alternativ.

Wird die Übernahmepflicht bejaht, so sind die in diesem Mantelgesetzgebungsverfahren übernommenen Bundesgesetze genau so zu behandeln wie die nach dem Dritten Überleitungsgesetz übernommenen.

Verneint man die Übernahmepflicht, so wird auch das im Anhang des Mantelgesetzes wiedergegebene Gesetz des Bundes ganz und gar von der Entscheidung des Berliner Gesetzgebers getragen. Daß Art. 87 II BV dem Abgeordnetenhaus bei der Übernahme eine Änderungskompetenz verweigert, ändert nichts; denn es steht dem Abgeordnetenhaus auf Grund derselben Vorschrift frei, die Übernahme vorzunehmen oder nicht.

(c) Ebenso ist das durch Parallelgesetzgebung übernommene Bundesrecht zu beurteilen.

Besteht die Übernahmepflicht, so trifft das Abgeordnetenhaus nur *eine* eigene Entscheidung: ob nämlich die Übernahmevoraussetzungen gegeben sind. Daß der Berliner Gesetzgeber den Text des Bundesgesetzes wie ein eigenes Gesetz wiedergibt, ist nur ein äußerlicher Unterschied zum Mantelgesetzgebungsverfahren. Eine Entscheidung über den Inhalt des Gesetzes ist hier wie dort nicht damit verbunden. Soweit freilich das Abgeordnetenhaus — zu Recht oder zu Unrecht — Änderungen am Text des Bundesgesetzes vorgenommen hat, beruhen sie auf seiner Entscheidung und sind daher dem richterlichen Prüfungsrecht entzogen.

Bei Verneinung der Übernahmepflicht beruht das Gesetz mit seinem gesamten Inhalt auf der Entscheidung des Abgeordnetenhauses und ist daher in vollem Umfang unter Art. 64 II BV zu subsumieren.

50a Ebenso *Finkelnburg*, JuS 1968, 11.

51 In dieser Weise hat das Bundesverwaltungsgericht (BVerwGE 2, 295 [299]; 3, 121 [122 f.]; 7, 304 [315]; BBauBl. 1959, 395) mehrmals versucht, Kann- bzw. Soll-Bestimmungen zu interpretieren; ebenso BGH NJW 1959, 767. Ablehnend Hans J. *Wolff*, Verwaltungsrecht I, § 31 II c 2 (S. 171); OVG Münster AS 16, 168 (175).

IV. „Die Gerichte"

Daß „Gerichte" i. S. des Art. 64 II BV jedenfalls die als Gerichte qualifizierbaren Rechtsprechungskörper *des Landes Berlin* sind, ist unproblematisch. Zweifelhaft ist dagegen, ob Art. 64 II BV auch die Gerichte des Bundes[52] erfaßt; denn auch bei ihnen kann ein Gesetz des Abgeordnetenhauses entscheidungserheblich sein[53].

Durch Rezeption der Gesetze, die die Zuständigkeit der Bundesgerichte begründen, wurde deren Kompetenz auch auf „Berliner Sachen" erstreckt.

Für den Bereich der ordentlichen Gerichtsbarkeit geschah dies durch das Gesetz zur Wiederherstellung der Rechtseinheit vom 12. September 1950 (BGBl. S. 455), das durch Berliner Parallelgesetz vom 9. Januar 1951 (VOBl. I S. 99) übernommen wurde[54].

Die Zuständigkeit des Bundesarbeitsgerichts wurde durch das Arbeitsgerichtsgesetz vom 3. September 1953 (BGBl. I S. 1267) begründet, das nach dem Verfahren des Dritten Überleitungsgesetzes durch Gesetz vom 16. Oktober 1953 (GVBl. S. 1231) nach Berlin übernommen wurde.

Für die Zuständigkeit des Bundesverwaltungsgerichts vgl. das Gesetz über das Bundesverwaltungsgericht vom 23. September 1952 (BGBl. I S. 625), übernommen durch Mantelgesetz vom 22. Dezember 1952 (GVBl. 1953 S. 1). Neuerdings gilt die Verwaltungsgerichtsordnung vom 21. Januar 1960 (BGBl. I S. 17), übernommen im Verfahren des Dritten Überleitungsgesetzes durch Gesetz vom 4. März 1960 (GVBl. S. 207).

Für die Zuständigkeit des Bundesfinanzhofs in Berlin vgl. das Gesetz über den Bundesfinanzhof vom 29. Juni 1950 (BGBl. S. 257), das durch § 8 des 3. ÜLG nach Berlin übernommen wurde. Neuerdings gilt die Finanzgerichtsordnung vom 6. Oktober 1965 (BGBl. I S. 1477), übernommen im Verfahren des Dritten Überleitungsgesetzes durch Gesetz vom 25. Oktober 1965 (GVBl. S. 1603).

Die Zuständigkeit des Bundessozialgerichts ergibt sich aus dem Sozialgerichtsgesetz vom 3. September 1953 (BGBl. I S. 1239), übernommen im Verfahren nach dem Dritten Überleitungsgesetz durch das Gesetz vom 20. November 1953 (GVBl. S. 1419).

Die Zuständigkeit des Bundesdisziplinarhofs leitete sich aus dem Gesetz zur Änderung und Ergänzung des Dienststrafrechts vom 28. November 1952 (BGBl. I S. 749) her, das im Verfahren des Dritten Überleitungsgesetzes durch Gesetz vom 9. Juni 1953 (GVBl. S. 33) übernommen wurde. Durch Art. I Nr. 1 c des Gesetzes zur Neuordnung des Bundesdisziplinarrechts vom 20. Juli 1967 (BGBl. I S. 725/GVBl. 1079/1104) ist an die Stelle des Bundesdisziplinarhofs das Bundesverwaltungsgericht getreten.

---

[52] Die Frage wird von BFH BStBl. 1964 III S. 253 (255) offenbar bejaht; zustimmend *Wengler*, JZ 1965, 24.

[53] Von den Prozeßgesetzen sehen die Revisibilität von Landesrecht, z. T. mit Modifikationen, beispielsweise vor: § 337 StPO i. V. m. § 7 EG StPO, vgl. aber § 121 I Nr. 1 lit. c GVG; § 549 ZPO; §§ 73, 93 ArbGG; § 162 II SGG.

[54] Zur Interpretation der mißglückten Art. 8 Nr. 88 des Bundesgesetzes und Art. 7 Nr. 41, 42 des Berliner Gesetzes, die zusammen die Zuständigkeit des Bundesgerichtshofs in Berliner Sachen begründen, vgl. *Werthauer*, JR 1951, 205.

Das Bundespatentgericht ist durch das Sechste Gesetz zur Änderung und Überleitung von Vorschriften auf dem Gebiet des gewerblichen Rechtsschutzes vom 23. März 1961 (BGBl. I S. 274), übernommen nach dem Verfahren des Dritten Überleitungsgesetzes durch Gesetz vom 30. März 1961 (GVBl. S. 419), zuständig geworden.

Bei der Lösung der Frage, ob Art. 64 II BV auch die Gerichte des Bundes erfaßt, ist zunächst zu berücksichtigen, daß man zur Zeit der Verabschiedung der Verfassung von Berlin von der Nichtzugehörigkeit der Stadt zur Bundesrepublik ausging; infolgedessen tauchte das Problem der Anwendbarkeit des Art. 64 II BV auf Gerichte des Bundes überhaupt nicht auf. Erst seitdem auch Gerichte des Bundes in Berliner Sachen judizieren, und zwar in derselben Weise, in der sie es auch über Bayerische, Hamburger oder Hessische Sachen tun[55], ist das Problem akut geworden.

Geht man weiterhin von der Nichtzugehörigkeit Berlins zur Bundesrepublik aus und konstruiert infolgedessen die Einräumung der Zuständigkeit oberer Bundesgerichte in Berlin als eine zweiseitige Ermächtigung sowohl durch den Bund als auch durch Berlin[56], so hängt der Um-

---

[55] Problematisch war hier nur die Revisibilität des in Berlin geltenden Bundesrechts. Obwohl der II. Senat des Bundesverwaltungsgerichts (BVerwGE 1, 220 [221 f.]; vgl. auch BGHZ 48, 52 [53 sub 2 a]) in musterhafter Weise gezeigt hat, daß diese Frage ohne Rücksicht darauf, ob das in Berlin geltende Bundesrecht im staatsrechtlichen Sinn als Bundes- oder Landesrecht zu qualifizieren ist, gelöst werden kann, wird auch heute noch die rechtliche Qualifizierung des in Berlin geltenden Bundesrechts in den Vordergrund der Erörterungen gestellt; vgl. *Böhm*, JR 1964, 121 (122 m. Nachw. in Anm. 16); ders., Berliner Verfassung, 187 ff.; *Stern*, DVBl. 1963, 696 (703 m. Nachw. S. 702 Anm. 80); BVerfGE 19, 377 (388). Vermittelnd *Finkelnburg*, JuS 1968, 12.

[56] Die Alliierten vertreten offenbar die Auffassung, daß die Organe des Bundes, insoweit sie für Berlin tätig werden, ihre Gewalt von der Berliner *Landes*gewalt ableiten und daher der obersten Gewalt der Alliierten Kommandantur unterstehen, vgl. BK/O (51) 63 vom 13. November 1951 (Mitteilungen des Präsidenten des Abgeordnetenhauses, I. Wahlperiode, Nr. 16 vom 28. November 1951, S. 2; Dok. Nr. 132); *(Blomeyer-)Wengler*, Rechtsgutachten, S. 5 Anm. 2 a. E.; *Wengler*, Leibholz-Festschrift II, 953, spricht von Organunion. A. A. BVerfGE 19, 377 (386), das annimmt, die Bundesgerichte übten bei ihrer Tätigkeit in Berliner Sachen Bundesgewalt aus.

Der alliierten Ansicht scheint es zu widersprechen, daß die Alliierte Kommandantur in ihrer BK/O (52) 35 vom 20. 12. 1952 (Dok. Nr. 97) ausdrücklich einer Übernahme des Bundesverfassungsgerichtsgesetzes entgegengetreten ist, obwohl bei Übernahme dieses Gesetzes durch Berlin auch das Bundesverfassungsgericht hätte als *Landes*organ begriffen werden können. Nr. 3 der BK/O (52) 35 zeigt aber, daß sich die Alliierte Kommandantur an der durch die Übernahme des Bundesverfassungsgerichtsgesetzes eingeräumten Zuständigkeit des Bundesverfassungsgerichts für Bund-Länder-Streitigkeiten zwischen Berlin und dem Bund stieß. Offenbar sah die Alliierte Kommandantur hierin eine politisch zu weit gehende Einflußmöglichkeit eines vom Bund primär gebildeten Organs auf Berlin; vgl. *Wengler*, Leibholz-Festschrift II, 960 Anm. 43.

Betrachtet man die Tätigkeit der Bundesgerichte als Tätigkeit von *Landes*organen, so wird die Lösung der im Text erörterten Problematik bei der Auslegung des Art. 64 II BV nicht erleichtert. Zwar kann man die Bundesgerichte, da sie bei dieser Betrachtungsweise als Organwalter Berlins Landesgewalt

fang der von den Bundesgerichten anzuwendenden Normen — hier: die Anwendbarkeit des Art. 64 II BV — vom Zweck der beiderseitigen Ermächtigung ab: Er besteht in der weitestmöglichen Herstellung der Rechtsprechungs- und Gesetzesgeltungseinheit, in der völligen Einbeziehung Berlins in das Rechtsprechungssystem des Bundes. Hat also Berlin hinsichtlich der Rechtsprechung der Bundesgerichte dieselbe Stellung wie alle anderen Länder, so sind für die Beurteilung der Frage, ob Art. 64 II BV auf die Gerichte des Bundes anwendbar ist, dieselben Überlegungen maßgebend, die bei der Zugehörigkeit Berlins zum Bund anzustellen wären.

(1) Verfehlt wäre es, die Frage nach dem Inhalt des Art. 64 II BV mit einer Untersuchung darüber zu beantworten, ob Berlin überhaupt kompetent ist, das richterliche Prüfungsverbot auf die Gerichte des Bundes zu erstrecken; denn diese Untersuchung betrifft den Geltungsbereich des Art. 64 II BV, der erst festgestellt werden kann, wenn der Inhalt des Art. 64 II BV ermittelt worden ist.

(2) Auch angeblich bestehende wesensmäßige, immanente oder sich aus der Natur der Sache ergebende Grenzen zwischen Bundes- und Landesgewalt sind nur mit Vorsicht zu berücksichtigen, weil hier die Gefahr besteht, unbewußt von einem Typ des Bundesstaats auszugehen, der dem Bundesstaat des Grundgesetzes möglicherweise nicht entspricht.

Immerhin lassen sich folgende Aussagen machen: Von Bedeutung ist der Umstand, daß der Geltungsbereich von Landesrecht auf dessen Gebiet beschränkt ist. Zwar ist die durch das Territorialitätsprinzip[57] verwirklichte Einzigkeit der Staatsgewalt auf einem Teil der Erdoberfläche (territoriale Integrität) im Bundesstaat schon deswegen durchbrochen, weil auf demselben Gebiet *zwei* Hoheitsträger wirken, jeder auf dem ihm durch die Verfassung zugewiesenen besonderen Sachgebiet[58]. Diese Regel schließt es aber nicht aus, daß der eine Hoheitsträger dem anderen Vorschriften über die Behandlung bestimmter Sachverhalte macht, die auf seinem Gebiet spielen. Trotz dieser Regelung gehen die Befugnisse eines Landes jedoch nicht so weit, daß es ohne ausdrückliche Ermächtigung durch die Verfassung des Bundes Verhaltensnormen für das Verfahren der Bundesorgane setzen darf. Dies verbietet der Grundsatz der Unantastbarkeit der Staatsgewalt, der im Bundesstaat nur zugunsten des Bundes, nicht aber zugunsten eines Landes durchbrochen ist. Infolgedessen sind Bundesgerichte nicht an Art. 64 II BV gebunden.

---

ausüben, als Berliner Gerichte bezeichnen. Zweifelhaft bleibt aber, ob allein deswegen Berlin die Befugnis besitzt, für sie Verhaltensvorschriften aufzustellen, die von den entsprechenden Vorschriften des Bundes abweichen. Die Frage ist bei Berücksichtigung des Zweckes der beiderseitigen Ermächtigung zu verneinen. Einzelheiten dazu im Text.

[57] Vgl. hierzu Herb. *Krüger*, Allgemeine Staatslehre, 859 f.

[58] Vgl. auch BVerwGE 22, 299 (307 ff.).

V. „Prüfen“

Zweifelhaft ist schließlich die Bedeutung des Wortes „prüfen“, allerdings erst, seitdem es Regelungen entsprechend Art. 100 I GG gibt.

Seit der Geltung des Art. 100 I GG, der für die Ungültigerklärung eines förmlichen, nachkonstitutionellen Gesetzes, das gegen das Grundgesetz verstößt, die ausschließliche Zuständigkeit des Bundesverfassungsgerichts vorschreibt[59], fragt es sich, ob Art. 64 II BV auch die Vorlage beim Bundesverfassungsgericht untersagt.

Wenn Art. 64 II BV dem Richter die Normenkontrolle verbietet, so befiehlt er ihm damit die Anwendung der Gesetzgebungsprodukte des Abgeordnetenhauses auf den zur Entscheidung stehenden Sachverhalt. Denn, wie sich aus Art. 72 III BV ergibt, ist auch die Vorlage beim Berliner Verfassungsgerichtshof mit der Folge einer verbindlichen Entscheidung durch diesen von der Berliner Verfassung nicht vorgesehen. Für den Berliner Verfassungsgeber bedeutet daher Prüfungsverbot: Normanwendungsgebot. An die vom Abgeordnetenhaus erlassene Norm ist der Richter gebunden. Die Frage nach der Gültigkeit der anwendbaren Norm ist daher für ihn entscheidungsirrelevant[60].

Die Vorlage an das Bundesverfassungsgericht setzt hingegen voraus, daß die Frage nach der Gültigkeit der anwendbaren Norm vom Richter untersucht werden darf. Da diese Befugnis dem Richter durch Art. 64 II BV verschlossen ist, wird nicht nur die Incidentkontrolle, sondern auch die Vorlage beim Bundesverfassungsgericht verboten.

§ 2 Die Regelung des Art. 85 BV

Neben Art. 64 II BV enthält auch Art. 85 eine Beschränkung des richterlichen Prüfungsrechts in einem Teilbereich, nämlich insoweit es um die Verfassungsmäßigkeit vorkonstitutioneller Rechtsvorschriften geht[61],

---

[59] Entsprechend will *Ipsen*, DV 1949, 486 (489 sub 4), den Begriff der richterlichen Prüfungszuständigkeit auf die Kompetenz zur „Verwerfung“ beschränken.

[60] Deswegen wirkt die Rechtsprechung des Bundesgerichtshofs (BGHZ 21, 301 [304]) und des OLG Hamm (FamRZ 1964, 212 [213]) unverständlich, weil sie eine Prüfung vornehmen, obwohl feststand, daß das geprüfte Gesetz angewendet werden mußte.

In beiden Fällen ging es um die Überprüfung von Kontrollratsrecht am Grundgesetz.

[61] A. A. offenbar OVG Berlin Bd. 6 S. 5 (7), das ohne Erwähnung des Art. 85 BV das Problem der Überprüfbarkeit vorkonstitutionellen Rechts mit Art. 64 II BV in Zusammenhang bringt, dessen Anwendung aber ablehnt, weil die zu prüfende Rechtsnorm nicht vom Abgeordnetenhaus beschlossen war.

Möglicherweise ist diese Entscheidung darauf zurückzuführen, daß zum Zeitpunkt ihrer Verkündung die vierjährige Frist des Art. 85 bereits abgelaufen war. Dazu vgl. die Ausführungen im Text.

das sind Rechtsvorschriften des Landesrechts[62], die vor dem 1. Oktober 1950, dem Tag des Inkrafttretens der Verfassung von Berlin, verkündet worden sind. Hinsichtlich dieser Normen hat Art. 85 BV die Prüfungskompetenz dem Parlament zugewiesen. Nach Auffassung des OVG Berlin[63] handelt es sich um eine ausschließliche Kompetenz des Parlaments. Das richterliche Prüfungsrecht ist daher insoweit ausgeschlossen.

Die Kompetenz des Parlaments ist aber auf vier Jahre befristet.

Nach Ablauf der vier Jahre könnte eine Sperre für die Ausübung des richterlichen Prüfungsrechts nur aus Art. 64 II BV folgen. Dieser Auffassung steht aber sowohl der Wortlaut des Art. 64 II („Gesetze, die *das Abgeordnetenhaus* beschlossen hat") als auch sein Sinn entgegen. Bei der Entscheidung über die Weitergeltung vorkonstitutionellen Rechts geht es nämlich nicht mehr darum, einen „contempt of parliament" zu verhindern; denn der Wille des ursprünglichen Gesetzgebers wird gerade respektiert. „Die Prüfung eines Gesetzes auf seine Vereinbarkeit mit einer *später* erlassenen Verfassung setzt gerade die ursprüngliche Rechtswirksamkeit der zu prüfenden Norm voraus[64]." Durch die Normenkontrolle wird lediglich festgestellt, ob das ältere dem jüngeren Gesetz widerspricht[65]. Hieraus folgt, daß die Anwendbarkeit des Art. 64 II BV auf nachkonstitutionelles Recht beschränkt ist.

Trotz Art. 85 BV steht das Prüfungsrecht über vorkonstitutionelles Recht daher nunmehr dem Richter zu.

Zweites Kapitel

Die Anwendbarkeit des Art. 64 II BV

Die Frage, ob Art. 64 II BV anwendbar ist, muß unter zwei Aspekten geprüft werden: Zum einen ist es denkbar, daß seiner Anwendbarkeit tatsächliche Gründe entgegenstehen (1. Abschnitt), zum anderen, daß er ungültig (nichtig) ist, sei es wegen Verstoßes gegen Normen der Verfassung von Berlin (2. Abschnitt), sei es wegen Unvereinbarkeit mit höherrangigem Recht (3. Abschnitt).

---

[62] Argumentum e contrario aus Art. 48 I BV.

[63] OVG Berlin Bd. 2 S. 129 (130). Nach den Angaben des Gerichts handelt es sich um seine ständige Rechtsprechung.

[64] BVerfGE 2, 124 (129).

[65] BVerfG, a. a. O., 130.

Erster Abschnitt

§ 3 Tatsächliche Hindernisse der Anwendbarkeit

Im Hinblick auf Art. 64 II BV hält es das OVG Berlin[66] — auf *Bley*[67] zurückgehend — für fraglich, ob diese Bestimmung während des Fehlens einer Verfassungsgerichtsbarkeit in Berlin überhaupt anwendbar ist. Leider begnügt sich das Gericht allein mit der Fragestellung, ohne eine Antwort auch nur zu versuchen.

In ähnlicher Weise hat sich das OVG Münster geäußert[68], als es seine Vorlagepflicht nach Art. 100 I GG verneinte, solange das Bundesverfassungsgericht noch nicht errichtet war. Ebenso hat das OVG Lüneburg[69] den Art. 42 ndsVerf. unangewendet gelassen und seine eigene (Ersatz-) Zuständigkeit nach § 27 MRVO Nr. 165 bejaht, weil der Staatsgerichtshof noch nicht errichtet war.

Hinter allen Entscheidungen steht der Gedanke, daß eine Norm, die an bestimmte Realitäten, Institutionen oder Institute anknüpft oder sie voraussetzt, dann unanwendbar ist, wenn diese Realitäten, Institutionen oder Institute nicht vorhanden sind[70].

Dieser Rechtsgedanke kann jedoch zur Begründung der These des OVG Berlin nicht herangezogen werden. Denn Art. 64 II BV dient nicht der Monopolisierung und Konzentrierung der Normenkontrolle bei dem gem. Art. 72 BV noch zu errichtenden Verfassungsgerichtshof, sondern schließt das richterliche Prüfungsrecht gänzlich aus. Art. 72 III BV räumt dem Verfassungsgerichtshof lediglich eine Gutachtenkompetenz ein, und zwar nur auf Antrag des Senats oder eines Viertels der Mitglieder des Abgeordnetenhauses, nicht aber auf Vorlage eines Gerichts. Nur wenn der Verfassungsgerichtshof zur *Entscheidung* von Normenkontrollvorlagen und die Gerichte des Art. 64 II BV vorlageberechtigt wären, würde eine Incidentkontrolle der Gerichte des Art. 64 II zulässig sein, solange der Berliner Verfassungsgerichtshof nicht errichtet ist. Insofern unterscheidet sich Art. 64 II BV von Art. 100 I GG und Art. 64 hbgVerf[71]. Die

---

66 OVG Berlin Bd. 3 S. 146 (154); Bd. 4 S. 102 (107).

67 JR 1953, 37 (39).

68 AS 3, 85 (87).

69 AS 7, 403 (406).

70 Das OVG Münster, a. a. O., begründet seine These damit, daß es bei Verweisung an das nicht errichtete Bundesverfassungsgericht Rechtsverweigerung begehen würde.

71 Art. 64 hbgVerf. bestimmt:

„Bei der Rechtsanwendung durch die Gerichte sind Landesgesetze und im Rahmen gesetzlicher Ermächtigung ergangene Rechtsverordnungen des Landes, die ordnungsgemäß verkündet worden sind, als verbindlich anzusehen.

letztgenannte Bestimmung deckt sich zwar in ihrem Absatz I inhaltlich mit Art. 64 II BV, monopolisiert jedoch in Absatz II das richterliche Prüfungsrecht beim Verfassungsgericht und begründet eine Vorlagepflicht für das mit der Sache befaßte Gericht[72]. Eine Übereinstimmung zwischen der Berliner und der Hamburger Regelung besteht daher nur scheinbar[73]. Würde jedoch die Hamburger Regelung in Berlin gelten und unter dieser Voraussetzung die Nichterrichtung des Berliner Verfassungsgerichtshofs zu beurteilen sein, so wäre wie in dem oben erwähnten Urteil des OVG Münster zu Art. 100 I GG die Monopolisierung des Verwerfungsrechts hinfällig und der Richter könnte selbst entscheiden, mit anderen Worten: eine Bestimmung wie Art. 64 I hbgVerf. wäre unanwendbar.

Da in Berlin aber kein Verwerfungsmonopol des Verfassungsgerichtshofs besteht, kann bei noch nicht errichtetem Verfassungsgerichtshof auch kein Monopol entfallen. Art. 64 II BV bleibt also anwendbar.

Zweiter Abschnitt

§ 4 Art. 64 II BV als verfassungswidrige Verfassungsnorm?

Wenn untersucht wird, ob Art. 64 II BV eine verfassungswidrige Verfassungsnorm ist, so geschieht das ohne Prüfung, ob es verfassungswidrige Verfassungsnormen überhaupt gibt und wenn ja, unter welchen Voraussetzungen[74]. Ein Überblick über Rechtsprechung und Literatur zeigt, daß die Denkmöglichkeit verfassungswidriger Verfassungsnormen weitgehend bejaht wird[75], weshalb diese Lehre Berücksichtigung verdient.

Ist ein Gericht der Auffassung, daß ein hamburgisches Gesetz oder eine im Rahmen eines solchen Gesetzes ergangene Rechtsverordnung gegen diese Verfassung verstößt, so ist das Verfahren auszusetzen und die Entscheidung des Hamburgischen Verfassungsgerichts einzuholen, sofern es auf die Gültigkeit der Vorschrift bei der Entscheidung ankommt. Artikel 100 des Grundgesetzes für die Bundesrepublik Deutschland bleibt unberührt."

[72] Art. 72 III BV stellt demgegenüber nur ein Rudiment dar.

[73] *Bettermann*, ZZP 72 (1959), 32 (33/34).

[74] Dazu vor allem *Bachof*, Verfassungswidrige Verfassungsnormen? Tübingen, 1951.

[75] BVerfGE 3, 225 (231 ff.), allerdings einschränkend, was die praktische Anwendbarkeit der Lehre anbelangt; ähnlich *Bachof*, Verfassungsnormen, 58. Für die Weimarer Zeit vgl. *v. Hippel*, HdbDStR II, 546 (548 f.). Im übrigen vgl. BayVfGH in st. Rspr.: E (n. F.) 3 II 28 (47), 11 II 127 (135); 17 II 94 (96); BGHZ 11 Anh. 34 (40 f.); *Grosskreutz*, Normwidersprüche im Verfassungsrecht; *Holtkotten*, in BGG, Art. 131 II B 6 d; Herb. *Krüger*, NJW 1950, 161 (163); *(Mang-Maunz-) Mayer-(Obermayer)*, Staats- und Verwaltungsrecht, 60; *Nipperdey*, Grundrechte II, 2; *Rädle*, Vorlagepflicht, 9 Anm. 1 m. w. Nachw.; *Scheuner*, DÖV 1953, 126. Mit dogmatisch anderer Begründung *Nawiasky-(Lechner)*, Verfassung des Freistaates Bayern, Erg.-Bd., 27. Anderer Ansicht vor allem *Apelt*, NJW 1952, 1; JZ 1954, 401.

Ihr zufolge soll es innerhalb der Verfassung bestimmte Normen geben, die anderen Verfassungsnormen im Range vorgehen, so daß im Kollisionsfalle die niederrangige Norm nichtig ist. Entscheidend bei dieser Lehre ist, daß sich das höherrangige Recht innerhalb *derselben* Verfassung befindet, der die zu überprüfende Verfassungsnorm angehört. Der Fall des Verstoßes von Landesverfassungsrecht gegen Bundesrecht gehört daher nicht hierher — er löst sich über Art. 31 GG[76].

In Äußerungen speziell zu Art. 64 II BV wird die Ansicht vertreten, daß Art. 23 I BV höherrangig gegenüber Art. 64 II BV sei, ohne daß diese Ansicht näher begründet wird[77], obwohl vor allem zweifelhaft ist, ob Art. 23 I und 64 II BV überhaupt kollidieren.

I. Die Möglichkeit der Kollision mit Art. 23 I BV

Auf den ersten Blick möchte man eine Kollisionsmöglichkeit verneinen. Denn was soll die Frage der Verbindlichkeit der Grundrechte für alles staatliche Handeln mit der anderen zu tun haben, ob der Richter einer Gewalt gegenüber, nämlich dem Gesetzgeber, die Einhaltung der Grundrechtsbindung nachprüfen darf? Eine Pflicht und das Verbot der Kontrolle der Einhaltung dieser Pflicht stellen so lange keinen Widerspruch dar, wie die Pflicht unberührt von der Kontrollmöglichkeit besteht.

Beide Bestimmungen scheinen also völlig verschiedene Fälle zu regeln.

Diese Ansicht muß jedoch für den Fall eingeschränkt werden, daß der Verfassungsgeber durch ein Grundrecht und der Gesetzgeber durch eine Norm *dem Richter* widersprechende Pflichten auferlegen, daß also *der Richter* Adressat kollidierender Normen ist. Dieser Fall ist im Verhältnis zwischen Art. 23 I und 64 II BV gegeben. Während Art. 23 I BV dem Richter auferlegt, der grundrechtlichen Norm zu folgen, gebietet Art. 64 II BV, die grundrechtsverletzende Norm des Gesetzgebers als gültig zu betrachten. Art. 23 I BV ordnet also an, der Verfassung zu folgen — Art. 64 II, dem einfachen Gesetz.

II. Vorrang des Art. 23 I BV?

Hinter Art. 23 I BV verbirgt sich das Rechtsstaatsprinzip[78], das zu einer in Art. 64 II BV zum Ausdruck gelangten radikalen Demokratievorstellung in Gegensatz tritt.

---

[76] Ebenso *Bachof*, Verfassungsnormen, 9; *Bettermann*, Grundrechte III/2, 533 sub 4 b; v. *Mangoldt-Klein*, Grundgesetz, Art. 31 Anm. III 10 a; *Maunz (-Dürig)*, Grundgesetz, Art. 31 Rdnr. 5. Zweifelnd *Friesenhahn*, Referat, 67.

[77] OVG Berlin Bd. 2 S. 123 (124); *Knoll*, JR 1963, 361 (363 sub II 1 a aa).

[78] Das läßt sich damit begründen, daß die Bindung an Recht und Gesetz, also auch das Verfassungsgesetz, wesentlicher Inhalt dieses Prinzips ist; vgl.

Die Höherrangigkeit des Art. 23 I BV gegenüber Art. 64 II setzt voraus, daß das Rechtsstaatsprinzip dem Grundsatz der Volks- bzw. Parlamentssouveränität vorgeht. Eine solche Vorrangstellung des Rechtsstaatsprinzips per se läßt sich aber nicht begründen:

(1) Das deutet zunächst eine Betrachtung der Regelungen an, die das richterliche Prüfungsrecht ausschließen oder stark beschneiden[79]. Zu ihrer Begründung wird regelmäßig das Prinzip der Volks- bzw. Parlamentssouveränität heran-[80] und damit dem Rechtsstaatsprinzip vorgezogen[81].

(2) Wägt man beide Prinzipien gegeneinander ab, so läßt sich nicht behaupten, daß das eine dem anderen vorgehe. Ferner kann Art. 23 I BV weder als positiviertes Naturrecht noch als unmittelbarer Ausdruck materialer Gerechtigkeit bezeichnet werden[82].

(3) Schließlich ist neuerdings in Verfassungen, die den Grundsatz der Bindung des Gesetzgebers an die Verfassung anerkennen, die Tendenz zu beobachten, daß die Bevorzugung des einen oder anderen Prinzips nicht seines Inhalts wegen erfolgt, sondern daß die Frage nach dem richterlichen Prüfungsrecht unter Anerkennung beider Prinzipien beantwortet wird: Man sieht im richterlichen Prüfungsrecht ein Mittel zur Sicherung der Einhaltung der Verfassung, betrachtet es also instrumental und macht infolgedessen seine Anerkennung davon abhängig, ob ein Bedürfnis für seine Einführung besteht. Das zeigt sich sehr deutlich bei der Diskussion in der Schweiz: Die bisherigen Sicherungen zur Einhaltung der Verfassung durch den Gesetzgeber werden nicht mehr als ausreichend empfunden, und infolgedessen ertönt der Ruf nach der Gewährung des richterlichen Prüfungsrechts[83].

Hesse, Smend-Festgabe 1962, 75 sub b, der betont, daß dieser Inhalt Spezifikum des Rechtsstaatsbegriffes des Grundgesetzes ist; *Leibholz*, Strukturprobleme, 169, 170; *Scheuner*, Macht und Recht, 80 sub II.

[79] Vgl. Art. 113 III, 114 der Bundesverfassung der Schweizerischen Eidgenossenschaft vom 29. Mai 1874 (Amtliche Sammlung der Bundesgesetze Bd. 1 S. 1); Art. 59 Republic of South Africa Constitution Act (abgedruckt bei *Granow*, Verfassungsgerichtsbarkeit, 536). In Dänemark und Finnland ist das richterliche Prüfungsrecht ungeregelt, wird aber von der älteren Lehre abgelehnt; vgl. *Castberg*, Verfassungsgerichtsbarkeit, 420, 437; *Kastari*, Verfassungsgerichtsbarkeit, 200, 202.

[80] *Fleiner-Giacometti*, Bundesstaatsrecht, 932/933; *Ruck*, Schw. Staatsrecht, 260; *Castberg*, Verfassungsgerichtsbarkeit, 420, 437; *Kastari*, Verfassungsgerichtsbarkeit, 200.

[81] Vgl. *Fleiner-Giacometti*, Bundesstaatsrecht, 933.

[82] Beide Prinzipien sollen eine Verfassungsnorm nichtig machen können; vgl. einerseits *Bachof*, Verfassungsnormen, 42, andererseits BVerfGE 3, 225 (232 und 237 sub III). Im übrigen bezeichnet das Bundesverfassungsgericht, a. a. O., 232, die Parallelvorschrift zu Art. 23 I BV, den Art. 1 III GG, als eine Norm, zu welcher der Verfassungsgeber Ausnahmen aufstellen könne.

[83] *Fleiner-Giacometti*, Bundesstaatsrecht, 933 f., unter Auseinandersetzung mit der Gegenmeinung; *Ruck*, Schw. Staatsrecht, 260.

Damit erweist sich die Opportunität als entscheidungserheblich für oder wider das richterliche Prüfungsrecht. Diese Entscheidung liegt aber im weit gesteckten Ermessen des Verfassungsgebers.

III. Die Inadäquanz der Lehre von der verfassungswidrigen Verfassungsnorm

Mit der Lehre von der verfassungswidrigen Verfassungsnorm versucht man jene äußersten Grenzfälle verfassungsgeberischer Willkür aufzufangen, die schlechthin unerträglich sind. Nach den unter II dargestellten Überlegungen über die Bedeutung des richterlichen Prüfungsrechts hängt die Notwendigkeit seiner Einführung von der jeweiligen politischen Situation unter einer Verfassung ab. Diese politische Situation kann sich zwar in Extremfällen derart gestalten, daß die Nichtgewährung des richterlichen Prüfungsrechts unerträglich und der Verfassungsgeber gehalten ist, sein weitgespanntes Ermessen nur in der Richtung zu gebrauchen, daß er das richterliche Prüfungsrecht einführt.

Die gegenwärtige staatspolitische Situation ist aber von jenem Ausnahmefall weit entfernt. Man würde daher die Lehre von der verfassungswidrigen Verfassungsnorm unnötig strapazieren, wollte man mit ihrer Hilfe für die Gegenwart, die Ungültigkeit des Art. 64 II BV beweisen.

Dritter Abschnitt

Die Vereinbarkeit des Art. 64 II BV mit bundesrechtlichen Bestimmungen insbesondere mit dem Grundgesetz

§ 5 Der Verstoß gegen Normen des Grundgesetzes

Für die Frage der Vereinbarkeit des Art. 64 II BV mit dem Bundesrecht besteht die spezifisch Berliner Problematik nicht darin, die Normen des Bundesrechts zu ermitteln, gegen die ein Verstoß in Betracht kommt, sondern in der Frage, ob diese Rechtssätze in Berlin gelten und den Art. 64 II BV „brechen". Daher wird die erste Frage nur ganz knapp dargestellt, während das Schwergewicht auf der Untersuchung liegt, ob und inwieweit Bundesrecht überhaupt in Berlin gilt und ob die Bundesrechtsnormen, mit denen Art. 64 II BV kollidiert, zu den in Berlin geltenden Normen gehören (4. Abschnitt).

I. Der Verstoß gegen das grundgesetzlich anerkannte richterliche Prüfungsrecht

Im Gegensatz zur Zeit der Geltung der Weimarer Reichsverfassung[84] ist das richterliche Prüfungsrecht heute allgemein anerkannt, abgesehen von den Besonderheiten, die sich aus dem positiven Recht, insbesondere aus Art. 100 I GG ergeben. Diese Bestimmung, aber auch die Art. 19 IV, 20, 28 GG werden herangezogen, um die Anerkennung des richterlichen Prüfungsrechts durch das Grundgesetz zu belegen[85].

II. Der Verstoß gegen Art. 74 Nr. 1 GG

Problematischer ist dagegen, ob die Regelung des richterlichen Prüfungsrechts in der Verfassung von Berlin mit Art. 72 I, 74 Nr. 1 GG („gerichtliches Verfahren") vereinbar ist. Im Schrifttum[86] wird in der Tat die Ansicht vertreten, daß die Materie des richterlichen Prüfungsrechts unter Art. 74 Nr. 1 GG fällt. Das wird von *Friesenhahn*[87] bestritten, für den die Ordnung des richterlichen Prüfungsrechts in den Bereich des *Verfassungsrechts* gehört, mit der Folge, daß die bundesrechtliche Ordnung des *Prozeßrechtes* den Landesverfassungsgeber nicht hindern könne, das richterliche Prüfungsrecht nach seinem Ermessen zu ordnen. Insofern deutet er Art. 100 I GG als einen Einbruch in die Verfassungsautonomie der Länder.

Es kommt jedoch zunächst nicht darauf an, wohin die Materie des richterlichen Prüfungsrechts „gehört". Entscheidend ist vielmehr, ob Art. 70 ff. GG überhaupt eine Kompetenzregelung für den Landesverfassungsgeber enthalten. Diese Frage wird in der Literatur zum Teil verneint[88]. Art. 70 ff. GG regeln nach dieser Ansicht nur das Gegenübertreten des einfachen Bundesgesetzgebers und des einfachen Landesgesetzgebers, betreffen aber nicht das Landes*verfassungs*recht.

---

[84] V. *Hippel*, HdbDStR II, 546 ff. m. zahlr. Nachw.; vgl. neuerdings *Maurer*, DÖV 1963, 683 ff.

[85] BVerfGE 2, 406 (410, 411); BFH BStBl. 1964 III S. 253 (256); OVG Berlin Bd. 4 S. 164 (166), Bd. 6 S. 105 (106); *Arndt*, BB 1959, 533 (534); *Bachof-Jesch*, JböR NF 6, 47 (52); *Bettermann*, Grundrechte III/2, 779 (901); ders., ZZP 72 (1959), 32 (34); *Böhm*, JR 1964, 121 (125 Anm. 56); *Friesenhahn*, Referat, 10; ders., Verfassungsgerichtsbarkeit in der Gegenwart, 105 Anm. 40; *v. Hammerstein*, Verhältnis, 16; *Kalkbrenner*, DVBl. 1962, 695 (696); *Knoll*, JR 1963, 361 (363 sub II 1 a aa); H. J. *Müller*, DVBl. 1962, 158 (160 sub 3), 164 sub II; *Lechner*, BVerfGG, § 13 Ziff. 11 Anm. 1; *Stern*, DVBl. 1963, 696 (701); ders., AöR 91 (1966), 223 (226); Abgh-Drs. I/1300 Abschnitt C a. E.

[86] *Kleinrahm*, DVBl. 1950, 298 (300 sub III); H. J. *Müller*, DVBl. 1962, 158 (164 sub II, 165).

[87] Referat, 8 sub 3; ders., Verfassungsgerichtsbarkeit in der Gegenwart, 114. Ablehnend auch *Kalkbrenner*, DVBl. 1962, 695.

[88] *v. Mangoldt-Klein*, Art. 31 Anm. III 10 a; vgl. auch *Kalkbrenner*, DVBl. 1962, 695 (696 sub 3).

Dem ist entgegenzuhalten[89], daß eine Abgrenzung zwischen Verfassungsrecht und einfachem Recht a priori nicht gegeben ist. Der Landesverfassungsgeber könnte daher die Kompetenzordnung des Grundgesetzes in den Art. 70 ff. umgehen, indem er eine Materie, die zur Bundeskompetenz gehört, in seiner Verfassung regelt.

Bezieht man die Anwendbarkeit der Art. 70 ff. auch auf den Landesverfassungsgeber, ist zu prüfen, ob die Regelung des richterlichen Prüfungsrechts zum „gerichtlichen Verfahren" i. S. des Art. 74 Nr. 1 GG gehört. Unter gerichtlichem Verfahren versteht man alle Rechtsnormen, die die verfahrensmäßige Behandlung von Angelegenheiten durch Richter betreffen[90]. Hierher gehört auch die Regelung des richterlichen Prüfungsrechts

Infolgedessen verstößt Art. 64 II BV gegen Art. 72 I, 74 Nr. 1 GG.

§ 6 Der Verstoß gegen sonstiges Bundesrecht

Als eine Positivierung des richterlichen Prüfungsrechts im sonstigen Bundesrecht kommt § 47 VwGO in Betracht. Ganz abgesehen jedoch von der Frage, ob diese Positivierung schon aktuell ist, bevor der Landesgesetzgeber von seiner Ermächtigung Gebrauch gemacht hat, widersprechen Art. 64 II BV und § 47 VwGO einander nicht, weil die Verfassungsnorm nur die Überprüfung von *Gesetzen des Abgeordnetenhauses* verbietet, § 47 jedoch die von Normen im Range *unter dem Landesgesetz* gebietet. Zwar handelt Art. 64 II BV ebenfalls von Verordnungen; es wurde aber darauf hingewiesen[91], daß diese Fassung auf einem Redaktionsversehen beruht.

Vierter Abschnitt

Die Geltung von Bundesrecht in Berlin

Auf die Geltung des vom Grundgesetz anerkannten richterlichen Prüfungsrechts in Berlin kommt es deswegen an, weil nur in diesem Fall eine Kollision mit Art. 64 II BV in Betracht kommt.

---

[89] Anderer Ansicht auch *Maunz (-Dürig)*, Art. 31 Rdnr. 21 sub b, allerdings nur für den Fall, daß der Landesverfassungsgeber eine Materie regelt, die bereits bundesgesetzlich geregelt ist.

[90] *v. Mangoldt-Klein*, Art. 74 Anm. VII 2.

[91] Vgl. oben S. 19 Anm. 13.

Die Geltung des Grundgesetzes in Berlin ist zweifelhaft, weil die Alliierten sowohl beim Inkrafttreten des Grundgesetzes als auch der Verfassung von Berlin Vorbehalte zur Rechtsstellung Berlins geltend gemacht haben und der Inhalt dieser Vorbehalte nicht eindeutig feststeht.

Bei der Genehmigung des Grundgesetzes haben die drei Militärgouverneure in Nr. 4 ihres Genehmigungsschreibens vom 12. Mai 1949[92] angeordnet:

(Englischer Text)

A third reservation concerns the participation of Greater Berlin in the Federation. We interpret the effect of Articles 23 and 144 (2) of the Basic Law as constituting acceptance of our previous request that while Berlin may not be accorded voting membership in the Bundestag or Bundesrat nor be governed by the Federation she may, nevertheless, designate a small number of representatives to attend the meetings of those legislative bodies.

(Französischer Text)

La troisième réserve concerne la participation du Grand Berlin à la Fédération. Nous interprétons les clauses des articles 23 et 144, paragraphe 2, de la Loi fondamentale comme signifiant votre acceptation de nos observations antérieures, aux termes desquelles Berlin ne peut pas envoyer de représentants ayant droit de vote au Parlement fédéral et ne peut pas être gouverné par l'Etat fédéral; Berlin peut, cependant, aux termes de ces observations, désigner un petit nombre de représentants pour assister aux réunions des Corps législatifs.

(Deutscher Text)[93]

Ein dritter Vorbehalt betrifft die Beteiligung Groß-Berlins am Bund. Wir legen die Auswirkung von Art. 23 und 144 Abs. 2 des Grundgesetzes als Annahme unseres früheren Ersuchens aus, das dahin ging, daß Berlin, wenngleich es weder eine stimmberechtigte Vertretung im Bundestag oder Bundesrat erhalten, noch vom Bund aus verwaltet werden kann, dennoch eine kleine Anzahl von Vertretern zur Teilnahme an den Sitzungen dieser gesetzgebenden Körperschaften bestellen darf.

---

[92] Nach einer Auskunft der Wissenschaftlichen Abteilung des Deutschen Bundestages entspricht der in der Einleitung zum Bonner Kommentar S. 127 ff. abgedruckte Text dem Original. Damit konnte auch geklärt werden, daß das Genehmigungsschreiben dem Präsidenten des Parlamentarischen Rates in englischer *und französischer* Sprache überreicht wurde. Die Originale befinden sich im Bundesarchiv in Koblenz.

[93] Die deutsche Fassung entspricht der Übersetzung im ABl. der MilReg.-Dtschl. (Brit. Zone) Nr. 35 Teil 2 B S. 29, die exakter ist als die Übersetzung des Parlamentarischen Rates (VOBl. Brit. Zone 1949 S. 416).

Die Alliierte Kommandantur Berlin hat in ihrem Genehmigungsschreiben zur Verfassung von Berlin unter Nr. 2 lit. c zu dieser Frage ausgeführt[94]:

(Englischer Text)

Article 87 is interpreted as meaning that during the transitional period Berlin shall possess none of the attributes of a twelfth Land. The provision of this Article concerning the Basic Law will only apply to the extent necessary to prevent a conflict between this law and the Berlin Constitution ...

(Deutscher Text)

Artikel 87 wird dahingehend aufgefaßt, daß während der Übergangsperiode Berlin keine der Eigenschaften eines zwölften Landes besitzen wird. Die Bestimmungen dieses Artikels betreffend das Grundgesetz finden nur in dem Maße Anwendung, als es zwecks Vorbeugung eines Konfliktes zwischen diesem Gesetz und der Berliner Verfassung erforderlich ist ...

§ 7 Das Problem des maßgeblichen Vorbehaltes

Da es sich um zwei Vorbehalte handelt, sei die Frage wenigstens angedeutet, welcher von beiden der maßgebende ist.

Auf Grund von Vereinbarungen der Siegermächte des Zweiten Weltkrieges aus den Jahren 1944/1945[95] wurde Deutschland in den Grenzen nach dem Stand vom 31. Dezember 1937 in vier Besatzungszonen und ein besonderes Berliner Gebiet eingeteilt und jede Besatzungszone einer der vier Mächte sowie das Gebiet von Berlin allen vier Mächten gemeinsam zugewiesen[96]. Zur gemeinschaftlichen Leitung der Verwaltung Berlins wurde die Alliierte Kommandantur geschaffen[97].

---

[94] BK/O (50) 75 vom 29. August 1950 (VOBl. I S. 440). Der englische Text wird zitiert nach v. d. *Gablentz*, Documents on the Status of Berlin, Nr. 76 B.

[95] Vgl. das Protokoll über die Besatzungszonen in Deutschland und die Verwaltung von Groß-Berlin vom 12. September 1944 in der Fassung des Abkommens über Ergänzungen zum Protokoll vom 12. September 1944 über die Besatzungszonen in Deutschland und die Verwaltung von Groß-Berlin vom 26. Juli 1945 (*Rauschning*, Gesamtverfassung, Nr. 2 I und III; Dok. Nr. 1); Abkommen über Kontrolleinrichtungen in Deutschland vom 14. November 1944 in der Fassung des Abkommens vom 1. Mai 1945 betr. die Änderung des genannten Abkommens (*Rauschning*, Gesamtverfassung, Nr. 3; Dok. Nr. 3); Feststellung über die Besatzungszonen in Deutschland vom 5. Juni 1945 (ABl. Kontr. Erg. Nr. 1 S. 11); Feststellung über das Kontrollverfahren in Deutschland vom 5. Juni 1945 (ABl. Kontr. Erg. Nr. 1 S. 10). Die beiden letztgenannten Feststellungen wiederholen den Inhalt der Abkommen nur, ohne eigene rechtliche Bedeutung zu haben; vgl. *Legien*, Viermächtevereinbarungen, 10/11; *Rauschning*, EA 1961, 663 (665) *Riklin*, Berlinproblem, 238 Anm. 1, 245.

[96] Nr. 1 des Protokolls vom 12. 9. 1944; Nr. 1 und 2 der Feststellung über die Besatzungszonen in Deutschland.

Jede Besatzungsgewalt war in ihrer Besatzungszone allein und ausschließlich Träger der „obersten Gewalt“[97a], abgesehen von den Deutschland als Ganzes betreffenden Angelegenheiten, für die der Kontrollrat zuständig war[98]. Es kann dahingestellt bleiben, wer in Berlin Träger der „obersten Gewalt“ war und ist. Während von östlicher Seite diese Eigenschaft der sowjetischen Besatzungsmacht zugesprochen wird[99], bestreitet die westliche Literatur[100] diese These und sieht in der Alliierten Kommandantur und dem ihr gegenüber mit Weisungsbefugnissen versehenen[101] Kontrollrat die Träger der „obersten Gewalt“[102]. Unbestritten ist, daß keiner der drei westlichen Oberbefehlshaber als solcher Kompetenzen in ganz Berlin hatte[103].

---

97 Nr. 5 des Protokolls vom 12. September 1944; Art. 7 des Abkommens vom 14. November 1944; Nr. 2 der Feststellung über die Besatzungszonen in Deutschland; Nr. 7 der Feststellung über das Kontrollverfahren in Deutschland.

97a Zu der umstrittenen Frage, ob die Besatzungsrechte über Deutschland gesamthänderisch oder — entsprechend den Besatzungszonen — realgeteilt vorzustellen sind, soll hiermit nicht Stellung genommen werden. Vgl. dazu H. *Brandt*, Gedächtnisschrift H. Peters, 451 ff. m. Nachw.; *Jaenicke*, Kontrollratsgesetzgebung, 23 ff.; *Mann*, JZ 1967, 586 sub II (rechte Spalte).

98 Art. 1 des Abkommens vom 14. November 1944; Nr. 1 der Feststellung über das Kontrollverfahren in Deutschland.

99 *Lindner*, DAP 1959, 231 (236), der mit dieser These aber nur die Zugehörigkeit Groß-Berlins zur Sowjetischen Besatzungszone begründen will.

100 Vgl. *Legien*, Viermächtevereinbarungen, 12; *Rauschning*, EA 1961, 663 (665); *Riklin*, moderne welt 3 (1961/62), 81 (84); *Rottmann*, Viermächte-Status, 78.

101 Art. 3 lit. b IV, Art. 7 lit. c des Abkommens vom 14. November 1944; Nr. 7 der Feststellung über das Kontrollverfahren.

102 *Mampel*, Sowjetsektor, 29; *Riklin*, Berlinproblem, 255. Vgl. hierzu auch den Bericht von *Monier* über die Diskussion innerhalb des Kontrollrats über die Stellung der Alliierten Kommandantur in: Revue générale de droit international public 1946, 312 (319). Der dort vertretene Standpunkt ist jedoch seit der Funktionsunfähigkeit des Kontrollrats überholt.

103 Hieran wird nichts durch die Tatsache geändert, daß der amerikanische und der französische Oberbefehlshaber (bzw. Hohe Kommissar) Bestimmungen für den Amerikanischen bzw. Französischen Sektor von Berlin erließen.
Entscheidend ist, daß diese Vorschriften nicht für *ganz* Berlin galten.
Vgl. z. B.: *Bestimmungen der Militärregierung Deutschland—Amerikanisches Kontrollgebiet:* Gesetz Nr. 10 vom 28. 11. 1947 (VOBl. für Groß-Berlin 1948 S. 99); VO Nr. 20 vom 20. 11. 1947 (VOBl. für Groß-Berlin 1948 S. 83); VO Nr. 23 vom 31. 12. 1947 (VOBl. für Groß-Berlin 1948 S. 100); VO Nr. 31 vom 18. 8. 1948 (VOBl. für Groß-Berlin 1949 Teil I S. 49); Gesetz Nr. 21 vom 15. 6. 1949 (VOBl. für Groß-Berlin Teil I S. 312).
Bestimmungen des Commandant en Chef: Verfügung Nr. 62 vom 1. 6. 1948 (VOBl. für Groß-Berlin S. 362).
Bestimmungen des Hohen Kommissars der Vereinigten Staaten für Deutschland: Gesetz Nr. 1 vom 28. 12. 1949 (VOBl. für Groß-Berlin 1950 Teil I S. 14); VO Nr. 9 vom 1. 11. 1950 (VOBl. für Berlin I S. 563); Gesetz Nr. 20 vom 24. 5. 1951 (GVBl. S. 520); Gesetz Nr. 27 vom 3. 1. 1952 (GVBl. S. 95).
Bestimmungen des Französischen Hohen Kommissars: VO Nr. 242 vom 1. 6. 1950 (VOBl. für Groß-Berlin Teil I S. 291).

Das bedeutet: Die drei westlichen Militärgouverneure (später: die Hohen Kommissare) als Träger der Besatzungsgewalt in den drei westlichen Besatzungszonen konnten mit Wirkung für ganz Berlin keine Anordnungen erlassen[103a]. Hierzu war und ist allein das für Berlin zuständige alliierte Verwaltungsorgan, nämlich die Alliierte Kommandantur[104] berufen, die in ihrer Tätigkeit lediglich dem Kontrollrat untersteht, der jedoch sein Wirken am 20. März 1948 eingestellt und bis heute nicht wieder aufgenommen hat[105].

Im Hinblick auf die Ausübung der Besatzungsgewalt durch die Alliierte Kommandantur zur Zeit der Überreichung des Genehmigungsschreibens zur Verfassung von Berlin besteht jedoch das Bedenken, daß die Alliierte Kommandantur seit der Verweigerung der Mitarbeit durch den Sowjetischen Stadtkommandanten[106] nur noch aus drei Mitgliedern bestand und auch heute noch besteht, obwohl Art. 7 lit. a des Abkommens vom 14. November 1944 festsetzte, daß die Verwaltung des Gebietes von Groß-Berlin *gemeinsam* von den *vier* Kommandanten geleitet werden sollte[107].

Die fehlende Mitwirkung des sowjetischen Vertreters in der Alliierten Kommandantur ist jedoch unbeachtlich, gleichgültig ob man nun das *Ende* der Tätigkeit der Alliierten Kommandantur infolge Einstellung der Mitarbeit des Sowjetischen Stadtkommandanten und eine mit ihrer Besatzungsgewalt juristisch und faktisch auf die drei Westsektoren beschränkte Neugründung durch die drei westlichen Stadtkommandanten[108] annimmt oder von ihrem *Fortbestehen* ausgeht[109]: Im ersten Fall

---

[103a] Vgl. auch BK/O (46) 45 vom 21. Januar 1946 (VOBl. der Stadt Berlin S. 34).

[104] Auch bei Zugrundelegung der östlichen These von der sowjetischen Oberhoheit über Groß-Berlin ändert sich hieran nichts, weil sich diese angebliche Hoheit in den Dokumenten nicht in der Weise niederschlägt, daß die Befugnisse der Alliierten Kommandantur beeinträchtigt würden.

[105] Vgl. die Erklärung des sowjetischen Vertreters im Alliierten Kontrollrat, Dok. Nr. 43.

[106] Am 16. Juni 1948; vgl. Dok. Nr. 48.

[107] Überdies kamen Beschlüsse nur zustande, wenn sie einstimmig gefaßt wurden. Das ergibt sich aus verschiedenen Dokumenten, so der Nr. 1 des Beschlusses der Konferenz von Vertretern der Alliierten Oberkommandos vom 7. Juli 1945, Dok. Nr. 16; Nr. 4 der Richtlinien über die Aufgaben der Alliierten Kommandantur der Stadt Berlin, vorgeschlagen am 27. 11. 1945, gebilligt vom Alliierten Koordinierungsausschuß am 21. 12. 1945, Dok. Nr. 24; vgl. ferner *Nobleman*, AJIL 41 (1947), 650, (654).

[108] Vgl. die Erklärung der drei westlichen Stadtkommandanten vom 21. 12. 1948, Dok. Nr. 78, die jedoch erkennen läßt, daß die Westmächte vom Fortbestand der Alliierten Kommandantur ausgingen.

[109] Zum Rechtsstatus der Alliierten Kommandantur nach dem Ausscheiden des sowjetischen Vertreters vgl. H. *Brandt*, Gedächtnisschrift H. Peters, 456; *Brandt-Uhlitz-Korber*, Von Bonn nach Berlin, 91; *Legien*, Viermächtevereinbarungen, 19 f.; *Plischke*, Government, 65 f.

wäre an die Stelle einer gesamthänderischen Vier-Mächte-Verwaltung über ganz Berlin eine realgeteilte Sektorenverwaltung getreten, die westlicherseits — analog den Vorgängen in den drei westlichen Besatzungszonen — durch ein übergeordnetes gemeinsames Organ, die als neugegründete zu behandelnde Alliierte Kommandantur koordiniert und geleitet würde[110]. Im zweiten Fall besteht die Vier-Mächte-Verwaltung de jure fort, ist aber de facto auf das Gebiet von West-Berlin beschränkt und erfolgt ohne den sowjetischen Vertreter in der Alliierten Kommandantur, *ohne* daß dessen Fehlen die Rechtswirksamkeit der Beschlüsse der Alliierten (Rumpf-)Kommandantur berührt, weil es nicht als Gegenstimme (Veto), sondern als Stimmenthaltung zu werten ist[111, 111a].

Ist die Auffassung von der Alleinzuständigkeit der Alliierten Kommandantur für das Gebiet von Berlin zutreffend, so kommt es auf die Äußerungen der Alliierten Kommandantur zu allen Fragen, die das Verhältnis Berlins zur Bundesrepublik betreffen, in der Weise an, daß ohne ihr Einverständnis keine Maßnahme der Integration Berlins in die Bundesrepublik getroffen werden kann.

Nichtsdestoweniger wird im folgenden aus praktischen Gründen die Untersuchung alternativ geführt, unter Zugrundelegung sowohl des Vorbehalts der Alliierten Kommandantur als auch des der drei Militärgouverneure. Dabei wird sich zeigen, daß beide Vorbehalte zu gleichen Ergebnissen führen.

§ 8 Die Theorie von der Nichtzugehörigkeit Berlins zur Bundesrepublik

Die Nichtzugehörigkeit Berlins zur Bundesrepublik, die die Alliierte Kommandantur expressis verbis angeordnet hat[112], wurde früher von

---

[110] *Brandt-Uhlitz-Korber*, a. a. O., 91 sub 4.

[111] *Brandt-Uhlitz-Korber*, a. a. O., 91 sub 3.

[111a] Ob die Wirksamkeit von Beschlüssen der Alliierten Kommandantur wegen der fehlenden Mitwirkung des sowjetischen Stadtkommandanten von einem Berliner Gericht angezweifelt und deshalb nachgeprüft werden darf, ist zweifelhaft. Geht man mit der h. M. (vgl. BVerfGE 1, 10; 6, 15; 22, 91; *v. Schmoller-Maier-Tobler*, § 7 B II) davon aus, daß Akte der Besatzungsgewalt von deutscher Seite hinzunehmen sind und von deutschen Gerichten nicht auf ihre Gültigkeit nachgeprüft werden dürfen, so kann im Falle der amtierenden Alliierten Kommandantur zweifelhaft sein, ob sie Besatzungsgewalt in diesem Sinne ausübt. Sieht man sie als identisch mit der ehemals funktionierenden Viermächtekommandantur an, so ist ohne weiteres klar, daß die von der Rumpf-Kommandantur ausgeübte Gewalt nicht nachprüfbare Besatzungsgewalt im Sinne der herrschenden Meinung ist. Muß man hingegen die Identität zwischen Viermächtekommandantur und Rumpf-Kommandantur verneinen, so ergeben sich bisher noch nicht gestellte Fragen nach dem Rechtsgrund und der Rechtsnatur der von der Rumpf-Kommandantur ausgeübten Gewalt.

[112] Vgl. hierzu bereits die Erklärung der Alliierten Kommandantur über

deutscher Seite auch dem Genehmigungsschreiben zum Grundgesetz entnommen[113]. Für die Gegenwart wird die Lehre von der Nichtzugehörigkeit Berlins in Deutschland nur vereinzelt vertreten[113a].

I. Die Geltung von Bundesrecht kraft Bundesgewalt in Berlin

Stellt man sich auf den Boden dieser Auslegung, so ist eine unmittelbare Geltung des Grundgesetzes und des Bundesrechts in Berlin ausgeschlossen, weil die Grenzen der staatlichen Hoheitsgewalt grundsätzlich durch das Staatsgebiet bestimmt sind[114]: Die verfassungsgebende Tätigkeit eines Staates unterliegt ebenso diesem völkerrechtlichen Gebot wie jede andere hoheitliche Tätigkeit. Gehört Berlin nicht zur Bundesrepublik, so ist das Berliner Gebiet für die Bundesrepublik fremdes Territorium, und das Grundgesetz sowie das sonstige Recht des Bundes können dort keine Geltung beanspruchen.

II. Die Geltung von Bundesrecht kraft Zulassung durch die Berliner Staatsgewalt

Eine Geltung des Grundgesetzes und sonstigen Bundesrechts in Berlin wäre nur möglich, wenn sie auf einer besonderen Zulassung durch die das Berliner Territorium beherrschende Gewalt beruhte.

1. Der Wortlaut des Art. 87 III 1 BV

Eine solche Zulassung könnte man für das Grundgesetz in Art. 87 III 1, für einfaches Bundesrecht[115] in Art. 87 II BV sehen[116].

---

die Grundsätze der Beziehungen der Stadt Berlin zu der Alliierten Kommandantur vom 14. Mai 1949 (VOBl. I S. 151), Nr. 2.

[113] *(Blomeyer-)Wengler*, Rechtsgutachten, 2; *Kleefisch*, Berlin-Klausel, 40; *v. Mangoldt* Grundgesetz, Art. 23 Anm. 3 m. Nachw.; vgl. auch KG JR 1950, 146 (147) = DÖV 1949, 619 (620).

[113a] *Wengler*, Leibholz-Festschrift II, 941 f. Weitere Nachweise bei *Czermak*, Stellung Berlins, 42 Anm. 6 sub b. Jüngst *Uhlitz*, DÖV 1968, 529.

[114] *Dahm*, Völkerrecht I, 154; *Ross*, Völkerrecht, 133; *Schwarzenberger*, Manual, 65.

[115] Wie einfaches Bundesrecht in Berlin in Geltung gesetzt wurde und wird, ist oben, S. 25 ff., dargestellt. Im übrigen ist hiervon nicht näher zu handeln, weil nur die Vereinbarkeit des Art. 64 II BV mit dem *Grundgesetz* zu prüfen ist.

[116] Im Schrifttum wird des öfteren eine Geltung des Grundgesetzes aus Art. 87 III BV hergeleitet; vgl. BFH BStBl. 1964 III S. 253 (256); OVG Berlin Bd. 1 S. 20 (25); Senat von Berlin, Abgh-Drs. I/1300 sub C a. E. Jedoch ist meist nicht hinreichend deutlich, ob diese Ansicht auf dem Boden der Zugehörigkeit

Die Vorschrift des Art. 87 III 1 BV macht die Geltung des Grundgesetzes davon abhängig, daß die „Anwendung des Grundgesetzes für die Bundesrepublik Deutschland in Berlin keinen Beschränkungen unterliegt". Die Beschränkungen, von denen die Rede ist, sind allein die in Art. 87 I genannten, also die des Genehmigungsschreibens zum Grundgesetz, jedenfalls nach der Meinung der Väter der Verfassung von Berlin[117]. Demnach soll nach dem Wortlaut des Art. 87 III 1 BV das Grundgesetz in Berlin anzuwenden sein, soweit nicht die Nr. 4 des Genehmigungsschreibens zum Grundgesetz entgegensteht.

Geht man von der Nichtzugehörigkeit Berlins auf Grund der alliierten Vorbehalte aus, bereitet diese Formel Schwierigkeiten; denn soll nach Art. 87 III 1 BV die „Geltung" des Grundgesetzes von dessen „Anwendbarkeit" abhängen und ist diese auf Grund der Nichtzugehörigkeit Berlins zum Bund ausgeschlossen, so ist es auch die „Geltung", und Art. 87 III 1 BV enthält, obwohl es theoretisch möglich gewesen wäre, seinem Wortlaut nach den Rechtsgrund für die Geltung des Grundgesetzes nicht.

2. *Der Sinn des Art. 87 III 1 BV*

Nichtsdestoweniger ist die Absicht des Berliner Verfassungsgebers offenkundig: Er wollte das Grundgesetz nach Berlin rezipieren[117a], soweit es irgend möglich war[118]. Dies folgt aus der Bezugnahme des Art. 87 III 1 auf Abs. I dieser Bestimmung. Art. 87 I BV suspendiert u. a. den Art. 1 II BV, der die Mitgliedschaft Berlins in der Bundesrepublik vorsieht. Solange diese Mitgliedschaft suspendiert ist — so kann man Art. 87 III 1 BV lesen —, soll trotzdem das Grundgesetz in Berlin gelten. Art. 87 III 1 BV will Berlin demnach so behandeln, als wäre die Zugehörigkeit Berlins zum Bund gerade nicht suspendiert. Damit dient die Vorschrift der Überwindung der Nichtzugehörigkeitsthese und läßt *kraft Landesgewalt* die Geltung des Grundgesetzes in Berlin zu.

---

oder der Nichtzugehörigkeit Berlins zum Bund vertreten wird. Eine Ausnahme bildet *Suhr*, StVV-StenBer. II/S. 528 ff., der als Berichterstatter des Verfassungsausschusses bei der Verabschiedung der Verfassung von Berlin die Ansicht vertrat, daß Berlin kein Land der Bundesrepublik sei, wovon auch in Art. 87 BV ausgegangen sei. *Suhr* interpretiert aber Art. 87 III BV dahin, daß diese Bestimmung das Grundgesetz, soweit der Genehmigungsvorbehalt der drei Militärgouverneure nicht entgegenstände, nach Berlin übernommen habe.

[117] *Suhr*, a. a. O., 530; a. A. *(Blomeyer-)Wengler*, Rechtsgutachten, 2, der offenbar andere alliierte Vorbehalte im Auge hat, namentlich die BK/O (50) 75. *Wengler* bezieht anscheinend die Worte „in Berlin" nicht auf „Anwendung des Grundgesetzes", sondern auf „keine Beschränkungen".

[117a] Zur Frage, ob das Grundgesetz in seiner jeweils geltenden Fassung rezipiert wurde, vgl. oben S. 20 Anm. 16 a. E.

[118] Vgl. *(Blomeyer-)Wengler*, Rechtsgutachten, 2. Vgl. auch Art. 87 IV BV.

III. Die Beschränkung der Rezeption durch die Alliierte Kommandantur

Dennoch hat die Alliierte Kommandantur in der BK/O (50) 75[119], dem Bestätigungsschreiben zur Verfassung von Berlin, den Inhalt des Art. 87 III 1 BV beschränkt. Nach Nr. 2 lit. c der BK/O (50) 75 soll das Grundgesetz nämlich nur insoweit anwendbar sein, als es nötig ist, „to prevent a conflict between this law and the Berlin Constitution". Der Sinn dieser Formulierung erhellt sich, wenn man den Satz 1 der Nr. 2 lit. c heranzieht. Hierdurch wurde klargestellt, daß die Alliierte Kommandantur einer verkappten Einbeziehung Berlins in die Bundesrepublik entgegentreten wollte. Von diesem Standpunkt aus bedurfte es für die Alliierte Kommandantur keines besonderen Hinweises mehr, daß die Ausübung von Bundesgewalt im Hinblick auf das Berliner Gebiet ausgeschlossen war und insoweit auch die entsprechenden Bestimmungen des Grundgesetzes nicht in Kraft gesetzt werden konnten, weder durch den Grundgesetz- noch durch den Berliner Verfassungsgeber. Sofern danach noch ein Bestand an Normen des Grundgesetzes verblieb, der in Berlin angewendet werden konnte, ohne Berlin die Stellung eines zwölften Landes zu verleihen, so wurde im Hinblick auf *diese* Normen der Vorbehalt zu Art. 87 III BV gemacht[120]. Hiernach gilt das Grundgesetz immer nur dann, wenn die Verfassung von Berlin ihm zu widersprechen droht. Diese Formulierung lehnt sich offenbar an Nr. 8 des Genehmigungsschreibens zum Grundgesetz an, die folgenden Wortlaut hat:

(Englischer Text)[121]

In order to eliminate the possibility of future legal controversy, we would like to make it clear that when we approved constitutions for the Laender we provided that nothing contained in those constitutions could be interpreted as restricting the provisions of the Federal constitution. *Conflict between Laender constitutions and the provisional Federal constitution must, therefore, be resolved in favor of the latter.*

(Französischer Text)

Afin d'éliminer la possibilité de toute controverse juridique future, nous soulignons que, quand nous avons approuvé les constitutions des Etats, nous avons précisé qu'aucune disposition de ces Constitutions ne pourrait être interprétée comme restreignant les clauses de la Constitution fédérale. *Tout conflit entre les constitutions des Etats et la Constitution provisoire fédérale doit, en conséquence, être réglé en faveur de cette dernière.*

---

[119] Vgl. oben S. 44 Anm. 94.

[120] Vgl. zum Sinn des Vorbehalts insoweit ähnlich *(Blomeyer-)Wengler*, Rechtsgutachten, 3; *Lush*, Int. Comp. L. Quart. 14 (1965), 742 (755).

[121] Vgl. oben S. 43 Anm. 92.

(Deutscher Text)[122]

Um die Möglichkeit künftiger juristischer Meinungsverschiedenheiten auszuschalten, möchten wir klarstellen, daß wir bei Genehmigung der Landesverfassungen den Vorbehalt gemacht haben, daß Bestimmungen dieser Verfassungen in keiner Weise als eine Einschränkung der Bestimmungen der Bundesverfassung ausgelegt werden dürfen. *Die Entscheidung bei Differenzen zwischen den Landesverfassungen und der vorläufigen Bundesverfassung muß deshalb zugunsten der letzteren fallen*[123].

Bei diesem Textvergleich wird deutlich, daß es der Alliierten Kommandantur darum ging, dem Satz „Bundesrecht bricht Landesrecht" in Berlin zur Anwendung zu verhelfen[124].

Es läßt sich also folgendes Ergebnis feststellen: Auf Grund des Vorbehaltes der Alliierten Kommandantur zur Verfassung von Berlin konnte Berlin nur solche Grundgesetznormen rezipieren, die die Stadt nicht in die Organisation des Bundes einbeziehen oder eine solche Einbeziehung voraussetzen[125]. Da die Ausübung von Bundesgewalt Berlin in die Bundesrepublik einbeziehen würde, ist die Rezeption des Grundgesetzes nach Berlin insoweit beschränkt, als sie die Ausübung von Bundesgewalt in Berlin ermöglichen würde. Das gilt vor allem für Kompetenznormen des Grundgesetzes.

§ 9 Die Theorie von der Zugehörigkeit Berlins zur Bundesrepublik

In der westdeutschen Literatur und Rechtsprechung ebenso wie in der Staatspraxis Berlins, des Bundes und der Länder ist heute die durch Auslegung des Genehmigungsschreibens zum Grundgesetz gewonnene Theorie von der rechtlichen Zugehörigkeit Berlins zur Bundesrepublik und der Beschränkung ihrer Durchführung auf Grund des Genehmigungsschreibens zum Grundgesetz herrschend[126]. Ihr zufolge soll das Grundgesetz in Berlin insoweit anwendbar sein, als nicht der Genehmigungsvorbehalt zum Grundgesetz entgegensteht[127].

---

[122] ABl. der MilRegDtschl. (Brit. Zone) Nr. 35 Teil 2 B S. 29.

[123] Die Heraushebungen in den drei Fassungen stammen vom Verfasser.

[124] Ähnlich *(Blomeyer-)Wengler*, Rechtsgutachten, 3.

[125] Vgl. die Formel des BVerfGE 1, 70 (72), die es zur Auslegung der Nr. 4 des Genehmigungsschreibens zum Grundgesetz entwickelt hat.

[126] BVerfGE 7, 1 ff.; *Drath*, JR 1951, 385 ff.; ders., AöR 82 (1957), 27.; *Böhm*, JR 1964, 121; ders., Berliner Verfassung, 51 ff., 80 ff.; *Knoll*, JR 1963, 361; *Kreutzer*, JR 1951, 641 ff.; *Sendler*, JR 1958, 81 ff.; *Steuerwald*, JR 1957, 5 ff. Im Ergebnis ebenso *Stern*, NJW 1965, 1424.

[127] BerfGE 7, 1 (10 vor 2); BFH BStBl. 1964 III S. 253 (255); *Böhm*, JR 1964, 121; *Stern*, DVBl. 1963, 696 (702 zu Anm. 79).

I. Die Geltung des Grundgesetzes nach dem Schrifttum

Besteht in der Literatur insoweit Einigkeit, so sind die Formeln, die den Einfluß des alliierten Vorbehalts zum Grundgesetz auf die Geltung bzw. Anwendbarkeit des Grundgesetzes zum Ausdruck bringen, sehr verschieden, obwohl zumeist eine vom Bundesverfassungsgericht entwickelte Formel zugrunde gelegt wird.

(1) Nach dieser Formel, die das Gericht bei der Untersuchung der Frage, ob die Grundrechte des Grundgesetzes in Berlin gelten, aufgestellt hat[128], ist der *Sinn* des alliierten Vorbehalts entscheidend:

„Sinn des Vorbehalts der Militärgouverneure ist es, eine unmittelbare organisatorische Einbeziehung Berlins in die westdeutsche Bundesrepublik mit Rücksicht auf die ‚fortdauernde internationale Spannung' vorerst aufzuschieben ... Berlin soll nicht durch den Bund regiert werden, die Organe des Bundes sollen ihre Befugnisse nicht auch in Berlin ausüben. Diese Erwägung rechtfertigt es aber nicht, auch dem Grundrechtsteil des Bonner Grundgesetzes die Geltung für Berlin zu versagen, da der durch ihn gewährte Schutz des Einzelnen eine unmittelbare organisatorische Einbeziehung Berlins in das Gefüge der westdeutschen Bundesrepublik weder voraussetzt noch zur Folge hat."

(2) Auf dieser Rechtsprechung aufbauend, führt der V. Senat des Bundesverwaltungsgerichts in seinem Urteil vom 20. Mai 1955[129] aus:

„Dasselbe (scil. wie für die Geltung des Grundrechtsteils in Berlin) muß auch für die Grundsätze der Gewaltenteilung, der Gesetzmäßigkeit der Verwaltung und der Rechtstaatlichkeit gelten, die in Art. 20 und 28 GG ihren Niederschlag gefunden haben. Denn sie hängen aufs engste mit den Grundrechten zusammen, indem sie wie jene den Schutz des Bürgers vor der Staatsgewalt bezwecken. Ihre Geltung auch in Berlin und ihre Beachtung durch die Berliner Staatsorgane bedeuten keine ‚Regierung' Berlins durch den Bund im Sinne des erwähnten Vorbehalts der Militärgouverneure und keine ‚unmittelbare organisatorische Einbeziehung Berlins in das Gefüge der westdeutschen Bundesrepublik' im Sinne der angeführten Entscheidung des Bundesverfassungsgerichts."

Das Gericht wendet diese Grundsätze auf die Frage der Geltung des Art. 19 I 2 GG in Berlin wie folgt an[130]:

Art. 19 I 2 GG „betrifft das Gesetzgebungs*verfahren*[131]. Der Bund kann aber dem Lande Berlin für dessen Gesetzgebungsverfahren keine Vor-

---

[128] BVerfGE 1, 70 (72). Ihm schließt sich mit nur wenig abweichender Formulierung *Sendler*, JR 1958, 81 (84) an.

[129] BVerwGE 2, 118 (119); wiederholt durch BVerwGE 4, 317 (320). Beiden Urteilen folgen BVerwGE 24, 235 (238) und BFH BStBl. 1964 III S. 253 (256).

[130] a. a. O., 122.

[131] Hervorhebung im Original.

schriften machen, ohne daß damit Berlin vom Bunde ‚regiert' und damit gegen den obenerwähnten Vorbehalt der Militärgouverneure verstoßen würde"[132].

In einer späteren Entscheidung äußert sich der V. Senat zur Frage der Geltung des Art. 125 GG in Berlin[133]:

„Anders als bei dem Grundrechtsteil des Grundgesetzes, dessen Geltung das Bundesverwaltungsgericht... bejaht, handelt es sich bei der Sperrwirkung des Art. 125 GG um eine Regelung, die — wenn sie für Berlin Geltung hätte — in die Regierung des Landes Berlin eingriffe, weil sie den Berliner Gesetzgeber zwingen würde, das gesamte alte Recht aus dem Gebiete der konkurrierenden Gesetzgebung des Bundes auch für das Land Berlin als fortbestehend und für ihn nicht abänderbar anzusehen, ihn also hindern würde, dieses Recht abzuändern oder aufzuheben."

(3) Ebenfalls an die Formel des Bundesverfassungsgerichts anknüpfend, führt das Oberverwaltungsgericht Berlin[134] bei der Untersuchung, ob Art. 33 GG in Berlin gilt, aus:

„Der Vorbehalt in Nr. 4 des Genehmigungsschreibens der Militärgouverneure zum Grundgesetz vom 12. Mai 1949 steht dem nicht entgegen, da die Anwendung des Art. 33 GG nicht ein ‚Regieren' des Bundes in Berlin voraussetzt (vgl. BVerfG a. a. O.[135]). Dies gilt besonders deshalb, weil Art. 33 Abs. 2 GG als Konkretisierung des Gleichheitsgrundsatzes und auch Art. 33 Abs. 5 GG mit seiner institutionellen Garantie des Berufsbeamtentums Grundrechtscharakter haben."

(4) In der Lehre wurde eine Formel entwickelt, derzufolge das Grundgesetz in Berlin insoweit gilt, als es sich „nicht mit der Organisation des Bundes" oder „mit der Ausübung der Staats-(‚Regierungs'-)Funktionen" befaßt[136].

II. Entwicklung einer eigenen Theorie

Eine Auseinandersetzung mit diesen einander mehr oder weniger ähnlichen Formeln scheitert daran, daß ihnen eine Begründung nicht beigegeben worden ist. Statt dessen soll versucht werden, aus dem Inhalt

---

[132] Ablehnend *Sendler*, JR 1958, 81 (84 Anm. 42), ohne Begründung; *Steuerwald*, JR 1957, 5 (7), jedoch mit anderem Ausgangspunkt.

[133] BVerwG JR 1956, 196 (197); ihm hat sich OVG Berlin JR 1958, 117 angeschlossen. A. A. *Sendler*, JR 1958, 81 ff.; OVG Berlin Bd. 8 S. 162 (165).

[134] OVG Berlin Bd. 6 S. 105 (106).

[135] Verwiesen wird auf BVerfGE 7, 1, das nur zur Frage Stellung nimmt, ob das Bundesverfassungsgericht in Berliner Sachen judizieren darf.

[136] *Kreutzer*, JR 1951, 641 (742); ebenso *Mai*, BRD — Berlin, 95.

Ähnlich *Bachof-Jesch*, JböR NF 6, 47 (52); *Nölting*, Bundeszwang, 80; *Stern*, DVBl. 1963, 696 (702 zu Anm. 79); *Steuerwald*, JR 1957, 5 (7).

des Genehmigungsschreibens zum Grundgesetz zu ermitteln, inwieweit die Anwendbarkeit des Grundgesetzes in Berlin eingeschränkt ist — immer unter der Voraussetzung, daß die Mitgliedschaft Berlins zur Bundesrepublik nicht suspendiert wurde. Zwar scheint die Auslegung des alliierten Vorbehalts zum Grundgesetz dahingehend, daß die Mitgliedschaft Berlins im Bund *nicht* suspendiert ist, im Widerspruch zur Ansicht der Alliierten Kommandantur[137] zu stehen[138] und es daher erforderlich zu sein, eine Untersuchung voranzustellen, ob die Prämisse von der Mitgliedschaft Berlins im Bund trotz des alliierten Vorbehalts zum Grundgesetz überhaupt richtig ist[139]. Das kann aber offenbleiben, wenn das Grundgesetz nach Nr. 4 des Genehmigungsschreibens der Militärgouverneure im selben Umfang in Berlin gilt wie auf Grund des Art. 87 III BV in Verbindung mit der BK/O (50) 75.

Zu diesem Ergebnis gelangt man, wenn man berücksichtigt, welche Frage durch Nr. 4 des Genehmigungsschreibens zum Grundgesetz geregelt werden soll: die Beteiligung Groß-Berlins am Bund. Im Hinblick auf diese Frage werden die Art. 23, 144 II GG interpretiert.

Das ist auch sinnvoll, weil Art. 23 S. 1 GG, obwohl er seinem Wortlaut nach nur den Geltungsbereich des Grundgesetzes behandelt, zugleich auch eine Aussage über die Bundeszugehörigkeit macht sowie den Umfang des Bundesgebietes umschreibt[140] und Art. 144 II GG nur Vorsorge für den Fall eines Besatzungseingriffs trifft. Auch der Inhalt der Interpretation der Art. 23, 144 II GG durch die Militärgouverneure ist schlüssig; denn die Frage, ob die Bundesrepublik in einem bestimmten Territorium „govern" („gouverner"), d. h. Staatstätigkeit ausüben darf, die sich als „govern" darstellt, hängt mit dem Geltungsbereich des Grundgesetzes und der Zugehörigkeit Berlins zum Bund ebenso zusammen wie die, ob Berlin stimmberechtigte Vertreter in den Bundestag[141] und Bundesrat entsenden darf: Beide Fragen sind im Grundgesetz geregelt und ihre Bejahung setzt zudem die Zugehörigkeit Berlins zur Bundesrepublik voraus, weil die Geltung des Grundgesetzes in einem Gebiet ohne dessen Bundeszugehörigkeit nicht möglich ist[142].

---

[137] Vgl. oben S. 44 und S. 47 zu und in Anm. 112.

[138] A. A. offenbar *Drath*, JR 1951, 385 (388 sub IV).

[139] Zu diesem Problem vgl. den bemerkenswerten Aufsatz von *Lush*, Int. Comp. L. Quart. 14 (1965), 742 ff.

[140] *v. Mangoldt-Klein*, Art. 23 III 1; *Maunz(-Dürig)*, Art. 23 Rdnr. 7, 8.

[141] Die Vertreter Berlins im Bundestag sind zwar Vertreter des ganzen Volkes, also nicht Repräsentanten der Bevölkerung Berlins, aber das geltende Wahlrecht mit seiner Wahlkreiseinteilung und den Landeslisten läßt die Terminologie von den Vertretern Berlins im Bundestag nicht unbedingt sachwidrig erscheinen.

[142] *Maunz(-Dürig)*, Art. 23 Rdnr. 5, 6. Vgl. auch oben S. 48 zu und in Anm. 114.

Das Verbot der Nr. 4 des Genehmigungsschreibens, to govern (gouverner) Berlin, bedeutet daher im Hinblick auf die Geltung des Grundgesetzes in Berlin, daß alle die Normen in Berlin nicht gelten, die Zuständigkeiten von Bundesorganen zur Vornahme von government (gouvernement) begründen[143]. Normen, die keine Zuständigkeiten begründen, sondern begründete Zuständigkeiten des Bundes voraussetzen, sind ebenfalls ohne Bedeutung für Berlin, weil es an den für die Anwendung zuständigen Organen fehlt.

Das Ergebnis bezüglich der Geltung des Grundgesetzes in Berlin ist demnach auf Grund der beiden alliierten Vorbehalte dasselbe, wenn Ausübung von Staatsgewalt und Ausübung von government (gouvernement) identisch sind: Das Grundgesetz gilt insoweit nicht, als es die Ausübung von Bundesstaatsgewalt voraussetzt oder ermöglicht. Der einzige Unterschied besteht darin, daß einmal das Grundgesetz auch kraft eigener, im anderen Fall nur kraft fremder Autorität in Berlin gilt. Im ersten Fall beruht die Geltung demnach auf dem Verfassungswillen des Bundes *und* dem des Landes Berlin. Ob in diesem Fall die Geltung des Grundgesetzes kraft der Rezeption durch Art. 87 III 1 BV wegen Verstoßes gegen Art. 31 GG unbeachtlich ist, hängt zum einen davon ab, ob Art. 31 GG auch übereinstimmendes Landesrecht bricht[144], zum anderen ob er in Berlin gilt[145].

§ 10 Die Geltung der mit Art. 64 II BV kollidierenden Normen in Berlin

I. Das vom Grundgesetz anerkannte richterliche Prüfungsrecht

Das Bestehen der Kompetenz zur Ausübung des richterlichen Prüfungsrechts kraft Grundgesetzes auch in Berlin setzt nach der aufgestellten Formel voraus, daß durch sie den Trägern von Bundesgewalt keine Zuständigkeit zur Vornahme von government (gouvernement) in Berlin überlassen wird.

Zwar stellt der Satz des Grundgesetzes, der das richterliche Prüfungsrecht anerkennt, ebenfalls eine Kompetenznorm dar, aber diese Kompetenzregelung ist anderer Art als die von den alliierten Vorbehalten ergriffene: Dort sind nur Kompetenzen im Verhältnis Bund — Land gemeint, nicht aber die Regelung von Kompetenzabgrenzungen innerhalb des Landes Berlin. Die Beschränkung auf das Verhältnis Bund —

---

[143] Ähnlich auch *Czermak*, Stellung Berlins, 45.

[144] Diese Frage ist in der Literatur sehr umstritten; vgl. die Nachweise bei *v. Mangoldt-Klein*, Art. 31 IV 3 c; *Maunz(-Dürig)*, Art. 31 Rdnr. 14 FN 2.

[145] Hierzu vgl. unten S. 58 ff., 106 Anm. 41.

Land durch die Vorbehalte ist deswegen allein maßgeblich, weil die Frage, ob z. B. die Judikative oder die Legislative des Bundes in einem Land zu einer Tätigkeit berufen ist, gegenstandslos wird, wenn feststeht, daß der Bund überhaupt nicht tätig werden darf. Ist aber dem Bund mit alliierter Duldung ein Tätigwerden in Berlin gestattet, so gilt das Grundgesetz insoweit nunmehr in Berlin.

Genauso verhält es sich mit dem Satz des Grundgesetzes, der das richterliche Prüfungsrecht anerkennt: Da den Gerichten des Bundes, jedenfalls soweit es sich um oberste Gerichtshöfe handelt[146], ein Tätigwerden in Berliner Sachen mit alliierter Duldung ermöglicht wurde, lebt auch ihr richterliches Prüfungsrecht auf Grund des Grundgesetzes auf und ist diese Bestimmung in Berlin geltendes Recht.

Ob das Grundgesetz das richterliche Prüfungsrecht auch zugunsten der Gerichte des Landes Berlin gewährt, kann nur dann zweifelhaft sein, wenn man die Organe des Bundes, die dem alliierten Vorbehalt zum Grundgesetz und zur Verfassung von Berlin unterliegen, nicht nur auf der Rangebene unterhalb des Verfassungsgebers sucht, sondern auch diesen selbst in den Kreis der Verbotsadressaten miteinbezieht; denn andernfalls wäre die Ausgangsfrage zu bejahen, weil insoweit ein Organ der Landesgewalt (der Berliner Richter), nicht aber der Bundesgewalt Adressat des richterlichen Prüfungsrechts ist.

Die Frage, ob nun auch der Bundes*verfassungsgeber* den alliierten Vorbehalten unterliegt, läßt sich nach dem Vorbehalt zur Verfassung von Berlin dahin beantworten, daß dem Bundesverfassungsgeber ein Wirken aus eigenem Recht in Berlin untersagt ist, weil nach diesem Vorbehalt Berlin nicht zur Bundesrepublik gehört. Die schwierige Frage, ob sich der government(gouvernement)-Vorbehalt auch gegen den Grundgesetzgeber richtet, kann für die Zwecke dieser Untersuchung unentschieden bleiben, weil wenigstens infolge der Rezeption des Grundgesetzes durch Art. 87 III 1 BV in Berlin eine teilweise Geltung ermöglicht wurde, insoweit nämlich, als der Vorbehalt der Alliierten Kommandantur — nicht der der drei Militärgouverneure — der Rezeption nicht entgegensteht. Da es nach dem Vorbehalt der Alliierten Kommandantur nur darauf ankommt, die Ausübung von Bundesgewalt in Berlin zu verhindern, das sich aus dem Grundgesetz ergebende richterliche Prüfungsrecht aber, soweit es an die Gerichte Berlins adressiert ist, nur die Ausübung von Landesgewalt betrifft, steht der betreffenden Grundgesetznorm der Vorbehalt der Alliierten Kommandantur nicht entgegen. Damit ergibt sich, daß Art. 100 I GG, der das richterliche Prüfungsrecht zugunsten der Richter des Bundes und des Landes Berlin

[146] Ob und wieweit das Bundesverfassungsgericht auf Grund seiner Zuständigkeit nach Art. 100 I GG tätig werden darf, wird gesondert untersucht, s. u. 2. Teil.

anerkennt, wenigstens kraft des Art. 87 III 1 BV in Berlin gilt, ohne daß *heute* ein alliierter Vorbehalt dagegen gerichtet ist.

II. Die Geltung des Art. 74 Nr. 1 GG in Berlin

Sollte man einen Verstoß des Art. 64 II BV gegen Art. 72 I, 74 Nr. 1 GG bejahen[147], so kommt es darauf an, ob Art. 74 Nr. 1 GG in Berlin gilt. Bei Anwendung der entwickelten Formel, die sowohl auf den alliierten Vorbehalt zum Grundgesetz als auch zur Verfassung von Berlin paßt, kommt man zu einem negativen Ergebnis, weil Art. 74 Nr. 1 GG eine Kompetenz des Bundesgesetzgebers begründet und dessen Tätigkeit in Befolgung der alliierten Vorbehalte bis heute in Berlin nicht unmittelbar wirksam ist[148]. Daran ändert nichts, daß die vom Bundesgesetzgeber aufgestellten Normen in Berlin anwendbar sein können; denn diese Anwendbarkeit beruht auf der Rezeption der Bundesgesetze durch Berlin, die die fehlende unmittelbare Geltung von Bundesrecht in Berlin gerade ersetzen soll. Es liegt daher auch keine Ausnahme von den alliierten Vorbehalten vor.

Für die Vertreter der Zugehörigkeitsthese bleibt aber die Frage zu prüfen, ob nicht der Grundsatz der Bundestreue[149] es verbietet, daß Berlin eine dem Bund vorbehaltene Kompetenz ausübt, auch wenn der Bund diese Kompetenz mit Wirkung für Berlin nicht ausüben kann. Man wird die Frage mit der Einschränkung bejahen müssen, daß Berlin der Bundestreuepflicht dann unterliegt, wenn sein Handeln gegen den erkennbaren Willen des Bundes verstoßen würde. Wer daher einen Verstoß des Art. 64 II BV gegen Art. 72 I, 74 Nr. 1 GG annimmt, muß für die Frage der Anwendbarkeit der Art. 72 I, 74 Nr. 1 GG unter dem Gesichtspunkt der Bundestreue prüfen, ob die Ausübung einer dem Bund vorbehaltenen Gesetzgebungskompetenz gegen den erkennbaren Willen des Bundes verstößt. Bei dieser Frage ist zu berücksichtigen, daß der Bund zum richterlichen Prüfungsrecht positiv Stellung genommen hat. Hieraus läßt sich der erkennbare Wille des Bundes herleiten, daß eine Kompetenzausübung Berlins entgegen den Vorstellungen des Grundgesetzes nicht erwünscht ist und daher die Bundestreuepflicht Berlins verletzt.

---

147 Vgl. darüber oben S. 41 ff.

148 Wie hier *Czermak*, Stellung Berlins, 61. A. A. offenbar das BVerfGE 19, 377 (388), das eine Bindung Berlins an die Gesetzgebungsvorschriften des Grundgesetzes behauptet, also incident von ihrer Geltung in Berlin ausgeht. Vgl. auch *Finkelnburg*, JR 1965, 361 (364 f.).

149 Zur Frage, wo die Bundestreuepflicht Berlins herzuleiten ist, vgl. einerseits *Wengler*, Leibholz-Festschrift II, 960, andererseits *Czermak*, Stellung Berlins, 83.

§ 11 Der Vorrang der bundesrechtlichen Vorschriften in Berlin

Den Vorrang des vom Grundgesetz anerkannten richterlichen Prüfungsrechts vor dem richterlichen Prüfungsverbot des Art. 64 II BV bestimmt zum einen Art. 87 III 2 BV — allerdings nur für das rezipierte Grundgesetz —, aber auch Art. 31 GG, der jedoch nur zur Anwendung kommen kann, wenn er in Berlin gilt.

Läßt man die Theorie, wonach der Geltung des Grundgesetzes kraft der Autorität des Bundesverfassungsgebers der Vorbehalt der drei Militärgouverneure schlechthin entgegensteht[150], außer Betracht, so kann die Geltung des Art. 31 GG in Berlin auf zwei Gründen beruhen: zum einen auf der Autorität des Bundesverfassungsgebers[151], soweit der government(gouvernement)-Vorbehalt nicht entgegensteht, zum anderen auf der Rezeption durch den Berliner Landesverfassungsgeber, Art. 87 III 1 BV[152], soweit ihr der Vorbehalt der Alliierten Kommandantur nicht widerspricht.

In beiden Fällen handelt es sich um die Frage, ob Art. 31 GG Zuständigkeiten zugunsten des Bundes einräumt, die unter die alliierten Vorbehalte fallen.

Die Literatur hat hierzu nicht Stellung genommen[153], mit Ausnahme von *Kreutzer*, der allerdings seine Ansicht gewechselt hat: Im Jahre 1951 hielt er[154] Art. 31 GG insoweit für anwendbar, als das Grundgesetz in Berlin galt, weil sich die Abgrenzung von Bundesrecht zu Landesrecht in diesem Fall nicht anders darstellte als in den übrigen Ländern der Bundesrepublik. 1954 sprach er[155] dem Art. 31 GG die formelle Geltung in Berlin wegen des Besatzungsvorbehalts ab, leitete aber aus „ der

150 Vgl. oben S. 48 zu Anm. 113.

151 Daß das Grundgesetz „Bundesrecht“ und Art. 64 II BV „Landesrecht“ i. S. des Art. 31 GG ist, bedarf keiner weiteren Erörterung; vgl. *v. Mangoldt-Klein*, Art. 31 Anm. IV 2 (mit hier nicht relevanter Einschränkung für das Landesverfassungsrecht); *Maunz(-Dürig)*, Art. 31 Rdnr. 4, 5. Abweichend lediglich *Friesenhahn*, Referat, 67, der zu bedenken gibt, daß es der Würde der Länder als Glieder eines Bundesstaates wohl mehr entsprechen dürfte, „nur eine Verpflichtung der Länder auf Beseitigung des bundesrechtswidrigen Landesverfassungsrechtes auf Verlangen des Bundes anzunehmen“.

152 Dem rezipierten Art. 31 GG liegen dieselben Vorstellungen vom Begriff „Bundesrecht“ oder „Landesrecht“ zugrunde wie dem nicht rezipierten.

153 Die Stimmen, die sich zur Verfassungsmäßigkeit des Art. 64 II BV äußern, lassen eine Erörterung des Kollisionsproblems überhaupt vermissen: OVG Berlin Bd. 6 S. 105 (106); Bd. 8 S. 162 (166); *Bachof-Jesch*, JböR NF 6, 47 (52); *Bettermann*, Grundrechte III/2, 901; ders., ZZP 72 (1959), 32 (34); *Stern*, DVBl. 1963, 696 (701). Oder sie berufen sich auf Art. 87 III 2 BV: OVG Berlin Bd. 4 S. 164 (165/6); *Knoll*, JR 1963, 361 (363 sub II 1 a aa); Abgh-Drs. I/1300 Abschn. C a. E.; so wohl auch BFH BStBl. 1964 III S. 253 (256).

154 JR 1951, 641 (642).

155 ZfPol. NF 1 (1954), 139 (146/7).

gliedschaftlichen Stellung Berlins im Bunde und dem daraus folgenden Grundsatz der Bundestreue" das Verbot für den Berliner Landesgesetzgeber ab, „seine Entscheidungsfreiheit in der Übernahme, Abänderung oder sogar Aufhebung von übernommenem Bundesrecht (zu) praktizieren und daher dieses als zu seiner Disposition stehend, d. h. als Landesrecht (zu) betrachten."

An diesen Ausführungen *Kreutzers* ist so viel richtig, daß es auf den Umfang des Besatzungsvorbehalts ankommt. Daß sich Bundes- und Landesrecht in Berlin nicht anders abgrenzen als in den übrigen Ländern der Bundesrepublik, ist hingegen eine Behauptung, die noch des Beweises bedarf.

Bei der Anwendung der alliierten Vorbehalte auf Art. 31 GG läßt sich feststellen, daß durch ihn keine Kompetenzen des Bundes in Berlin begründet werden, sondern allenfalls durch die Sachnormen, deren Vorrang Art. 31 GG regelt. Erst indem Art. 31 GG einer Sachnorm, die Bundeskompetenzen enthält, den Vorrang vor einer Landesnorm gibt, wird auch Art. 31 GG von den Vorbehalten erfaßt, bzw. kann es zu einer Anwendung jener Sachnorm in Berlin schon deswegen nicht kommen, weil ihr die alliierten Vorbehalte entgegenstehen und insofern der von Art. 31 GG vorausgesetzte Kollisionsfall nicht akut werden kann. Einer Geltung des Art. 31 GG in Berlin steht aber dann nichts im Wege, wenn er Normen des Grundgesetzes, die mit den alliierten Vorbehalten vereinbar sind, den Vorrang vor widersprechenden Normen des Landesrechts einräumt[156].

Gilt daher Art. 31 GG sowohl kraft der Autorität des Grundgesetzgebers als auch der Autorität des Landesverfassungsgebers im dargestellten Umfang in Berlin, so hat Art. 87 III 2 BV, der dieselbe Frage im Hinblick auf das von Berlin *rezipierte* Grundgesetz regelt, allenfalls noch deklaratorische Bedeutung[157].

Als Ergebnis des ersten Teils der Untersuchung läßt sich feststellen: *Art. 64 II BV ist wegen Verstoßes gegen vorrangiges Recht nichtig; Art. 85 BV ist obsolet.*

---

[156] Ebenso *Czermak*, Stellung Berlins, 98. Diese Auffassung liegt auch Nr. 2 lit. c der BK/O (50) 75 zugrunde; vgl. *(Blomeyer-)Wengler*, Rechtsgutachten, 3, und oben S. 55 zu Anm. 124.

[157] So auch *Kreutzer*, JR 1951, 641 (642, 645 sub III 3). Dagegen stützen das OVG Berlin Bd. 4 S. 164 (165/6) und der Senat von Berlin, Abgh-Drs. I/1300 S. 3 Abschnitt C a. E., die Geltung des Satzes: Grundgesetz bricht Landesverfassungsrecht, allein auf Art. 87 III 2 BV, ohne freilich zur Geltung des Art. 31 GG Stellung zu nehmen.

ZWEITER TEIL

Die Zuständigkeit des Bundesverfassungsgerichts nach Art. 100 I GG in Berlin

Soweit Art. 100 I GG, §§ 13 Nr. 11, 80 ff. BVerfGG ein Verwerfungsmonopol des Bundesverfassungsgerichts begründen[1] und dieses Monopol auch in Berlin ausgeübt werden könnte, würde das richterliche Prüfungsrecht in Berlin dahingehend modifiziert, daß der Richter die Frage der Gültigkeit einer Norm nur bejahen, nicht aber selbständig verneinen dürfte[2].

Das Entscheidungsmonopol des Bundesverfassungsgerichts und — damit korrespondierend — die Vorlagepflicht des mit der Sache befaßten Gerichts bestehen dann, wenn es sich um die Verwerfung = Nichtigerklärung von nachkonstitutionellen[3] formellen[4] Bundes- oder Landesgesetzen[5] wegen Unvereinbarkeit mit dem Grundgesetz — bei Landesgesetzen auch mit sonstigem Bundesrecht[6] — handelt. Zu den formellen Landesgesetzen gehört auch die Landesverfassung.

---

[1] Die in Art. 100 I GG vorgesehene Zuständigkeit des Landesverfassungsgerichts besteht in Berlin noch nicht, da ein Verfassungsgerichtshof für Berlin entgegen dem Verfassungsauftrag des Art. 72 BV noch nicht errichtet worden ist; vgl. hierzu *Knoll*, JR 1963, 361 (363 sub aa); *Stern*, DVBl. 1963, 696 ff. Solange der Verfassungsgerichtshof nicht errichtet ist, verbleibt es beim allgemeinen richterlichen Prüfungsrecht; vgl. *Knoll*, a. a. O.

[2] BVerfGE 1, 184 (198).

[3] BVerfGE 2, 124 (128), ständige Rspr. Vgl. E 4, 178 (188 sub III); 6, 55 (64); 9, 39 (46 sub C); 10, 124 (127); 10, 129 (131/132); 11, 126 (129); 16, 230 (231); 18, 216 (219). Vorkonstitutionell sind alle Gesetze, die vor dem 24. Mai 1949 verkündet worden sind, vgl. BVerfGE 2, 124 (135); 18, 216 (219). Vorkonstitutionell ist ein Gesetz nicht mehr, das in den Willen des nachkonstitutionellen Gesetzgebers aufgenommen wurde; vgl. BVerfGE 6, 55 (65); 11, 126 (129); 16, 343 (346); 18, 216 (220).

[4] BVerfGE 1, 184 (201); 4, 178 (188 sub III); gegen diese Rechtsprechung ist die Arbeit von *Rädle*, Vorlagepflicht, gerichtet.

[5] Daß § 13 Nr. 11 BVerfGG auch sonstiges Landesrecht für überprüfbar hält, führt das Bundesverfassungsgericht, E 1, 184 (192), auf ein „offenbares Versehen" zurück.

[6] Aber nicht, wenn dieses nach dem Inkrafttreten des Landesgesetzes erlassen wurde; so BVerfGE 10, 124 (128) für nachträglich erlassene Bundesgesetze.

Ob diese Kompetenz des Bundesverfassungsgerichts auch in Berlin besteht, ist umstritten[7]. Einigkeit besteht nur darüber, daß diese Frage vom Umfang des government(gouvernement)-Vorbehalts abhängen soll[8].

Erstes Kapitel

§ 12 Die Stellungnahme der Alliierten Kommandantur

Bei Zugrundelegung der Auffassung der Alliierten Kommandantur, wonach Berlin kein Land der Bundesrepublik ist, kann das Bundesverfassungsgericht seine Tätigkeit in Berlin nicht entfalten; denn die Bundesgewalt kann außerhalb des Bundesgebietes nur tätig werden, soweit sie nicht die Gebietshoheit fremder Gewaltträger verletzt[9].

Daran ändert auch die Rezeption des Art. 100 I GG durch Art. 87 III 1 BV nichts; denn die Rezeption des Grundgesetzes darf nach dem Bestätigungsschreiben der Alliierten Kommandantur zur Verfassung von Berlin nicht dazu führen, Berlin zum Land der Bundesrepublik zu machen[10].

Ein Versuch Berlins, die Zuständigkeit des Bundesverfassungsgerichts durch Übernahme des Bundesverfassungsgerichtsgesetzes zu begründen — also dasselbe Verfahren einzuschlagen, das zur Begründung der Kompetenzen der Bundesgerichte gewählt wurde —, scheiterte am Einspruch der Alliierten Kommandantur[11]. Dieser Einspruch ist bis heute nicht zurückgenommen worden — im Gegenteil: die Alliierte Kommandantur hat ihre Auffassung angesichts der neuen Tendenzen des Bundesver-

---

[7] Jede Kompetenz verneinen *Czermak*, Stellung Berlins, 113 ff.; *Friesenhahn*, Verfassungsgerichtsbarkeit in der Gegenwart, 104, bejaht *Steuerwald*, JR 1957, 5 (7). Differenzierend *Böhm*, JR 1964, 121 (125); ders., Berliner Verfassung, 143 ff.; *Knoll*, JR 1963, 361 (363 ff.); *Stern*, DVBl. 1963, 696 (698, 703). Die Rechtsprechung hat für die Überprüfung Berliner Landesrechts die Kompetenz verneint: BVerfGE 7, 1 ff.; BVerwGE 20, 29 (31); 24, 235 (238/239); BGHZ 20, 112 (116 ff.). Für das in Berlin geltende Bundesrecht liegen die verneinenden Urteile des BFH BStBl. 1963 III S. 189 ff., des KG NJW 1966, 598 (599) (mit kritischer Anm. von *Sendler* NJW 1966, 1756) und des OVG Berlin JZ 1967, 751 (752) vor, während das BVerwG DVBl. 1964, 753 (754 f.) mit der Begründung vorgelegt hat, das Bundesverfassungsgericht habe die Frage noch nicht entschieden.

BVerfGE 19, 377 ff. betrifft eine Verfassungsbeschwerde gegen das Urteil eines Bundesgerichts.

[8] Daß diese Ansicht zumindest zweifelhaft ist, wurde oben S. 44 ff. gezeigt.

[9] Siehe oben S. 48 zu Anm. 114 und unten S. 77.

[10] Vgl. oben S. 50.

[11] BK/O (52) 35 vom 20. 12. 1952, Dok. Nr. 97, abgedruckt auch bei *Maunz-Sigloch-Schmidt-Bleibtreu-Klein*, BVerfGG, § 106 Rdnr. 3 FN 4, und im JböR NF 6, 220 FN 3.

fassungsgerichts, seine Gerichtsbarkeit bezüglich Berlins zu erweitern[11a], in der BK/L (67) 10 vom 24. Mai 1967[11b] nochmals ausdrücklich bekräftigt.

Trotz dieses klaren Sachverhalts bleibt die Frage offen, *wann* die Tätigkeit des Bundesverfassungsgerichts als *„in Berlin“* erfolgend zu qualifizieren ist[12]. Darüber wird im Anschluß an die Erörterung der Frage, ob die Tätigkeit des Bundesverfassungsgerichts government i. S. des Genehmigungsschreibens zum Grundgesetz darstellt, gehandelt, weil sich aus der Interpretation des Vorbehalts zum Grundgesetz dieselbe Problematik ergibt.

Zweites Kapitel

Die Auslegung des Genehmigungsschreibens zum Grundgesetz

Bei Zugrundelegung des Genehmigungsschreibens zum Grundgesetz kommt es darauf an, ob die Tätigkeit des Bundesverfassungsgerichts im Rahmen des Art. 100 I GG als govern (gouverner) zu qualifizieren ist.

§ 13 Die Bedeutung von to govern

I. Die herrschende Meinung

Der Inhalt des Wortes to govern wird im Schrifttum sehr verschieden wiedergegeben. Herrschend dürfte heute jene Auffassung sein, die unter dem Wort die Tätigkeiten aller Staatsgewalten versteht[13]. Zur Begründung wird angeführt, daß diese Deutung dem Sprachgebrauch des anglo-amerikanischen Rechts entspreche und dieses Verständnis für die Auslegung des Genehmigungsschreibens maßgebend sei.

[11a] BVerfGE 19, 377; 20, 257, 271.

[11b] Der Wortlaut ist abgedruckt in: Der Tagesspiegel Nr. 6613 vom 13. Juni 1967, S. 3, sowie in NJW 1967, 1743. Vgl. hierzu Anmerkung von *Wengler*, NJW 1967, 1743, und von W. R. *Beyer*, NJW 1967, 1791.

[12] Diese Fragestellung behandelt *Lerche*, Leibholz-Festschrift II, 474.

[13] BVerfGE 1, 70 (73); 7, 1 (7, 14); BGHZ 20, 112 (118); *Knoll*, JR 1963, 361; *Kreutzer*, West-Berlin, 55 (73); *Rudolph*, DVBl. 1964, 251; *Sendler*, JR 1958, 81 (82); *Uhlitz*, Journalismus 2 (1961), 47 (57).

II. Das englisch-sprachige Schrifttum

In der Tat wird das Wort to govern im englischen und nordamerikanischen Schrifttum in einem sehr weiten Sinn gebraucht:

(1) Zieht man englische und amerikanische Wörterbücher einschließlich der Wörterbücher der Rechtssprache zu Rate, so ist auffällig, daß weitaus öfter die Bedeutung von government als von to govern erklärt wird. Außerdem geben die Wörterbücher eine Fülle von Bedeutung an:

für to govern

1. to rule with authority[14];
2. to exercise the function of government[15];
3. to be a rule, precedent, law or deciding principle for[16];

für government

1. the country ruled over by a governor[17];
2. the control which is exercised upon the individual members of an organized jural society by those invested with authority[18] or the act of exercising supreme political power or control[19];
3. that form of fundamental rules and principles by which a nation or state is governed[20];
4. the governing[21] power in a state[22].

Hierbei werden zwei Aspekte unterschieden, ein organisatorischer und ein personaler.

a) Government im organisatorischen Sinn: the machinery by which the sovereign power in a state expresses its will and exercises its functions; or

---

[14] *Black*, Law Dictionary, „Govern", 824; *The Oxford English Dictionary*, Vol. 4, „Govern" sub 1, 317; *Websters* new World Dictionary, Vol. I, „Govern" sub 1, 625; *Words and Phrases*, „Govern", 236, 237.

[15] *The Oxford English Dictionary*, a. a. O., sub 1 e, 318; *Websters* new World Dictionary, a. a. O., v. i.

[16] *Black*, Law Dictionary, a. a. O.; *The Oxford English Dictionary*, a. a. O., sub 10, 318; *Websters* new World Dictionary, a. a. O., sub 5; *Words and Phrases*, „Govern", 236.

[17] *Dictionary of American English*, Vol. II, „Government" sub 2; *The Oxford English Dictionary*, a. a. O., „Government" sub 5, 320.

[18] *Black*, Law Dictionary, „Government", 824; *The Oxford English Dictionary*, a. a. O., sub 1, 320, spricht von „the action of governing (see senses of the verb)".

[19] *Black*, Law Dictionary, a. a. O., Bemerkenswert ist die Betonung der „*supreme* political power".

[20] *Black*, Law Dictionary, a. a. O.; *Jowitt-Walsh*, Dictionary, Vol. I, „Government", 873; *The Oxford English Dictionary*, a. a. O., sub 6; *Words and Phrases*, „Government", 241, 242.

[21] *Black*, Law Dictionary, a. a. O., spricht von „the sovereign or supreme power". Von dieser Äußerung her lassen sich Rückschlüsse auf die Bedeutung von to govern ziehen: Offenbar ist nicht jede Ausübung staatlicher Hoheitsgewalt ein to govern.

[22] *Black*, Law Dictionary, a. a. O., mit der in Anm. 21 hervorgehobenen Abweichung; *Dictionary of American English*, Vol II „Government" sub 1; *The Oxford English Dictionary*, a. a. O., sub 7.

the framework of political institutions, departments, and offices, by means of which the executive, judicial, legislative, and administrative business of the state is carried on[23].

Der organisatorische Aspekt wird mit anderen Worten vom Oxford English Dictionary[24] umschrieben: Government is „a permanent entity (cf. ‚the Crown', ‚Parliament', etc.) irrespective of the changes in the persons who hold office. Hence often practically equivalent to State, esp. when used attrib"[25].

b) In personaler Hinsicht ist government gleichbedeutend mit: the whole class or body of office-holders or functionaries considered in the aggregate, upon whom devolves the executive, judicial, legislative, and administrative business of the state[26].

In England bedeutet government in personaler Hinsicht: ministry or administration[27].

(2) Wenn auch angesichts der Vielfalt der Bedeutungen von to govern und government auf Anhieb nicht positiv gesagt werden kann, welchen Sinn das Wort to govern im alliierten Vorbehalt hat, so läßt sich doch negativ feststellen, welchen Sinn es auf keinen Fall haben kann: den der Beschränkung auf *eine* Funktion der Staatsgewalt. Der Umstand, daß im Englischen government identisch mit Regierung sein kann, steht dem nicht entgegen; denn das Wort bedeutet dort nicht Regierungstätigkeit, sondern Regierung in personaler Hinsicht, meint also die Regierungsmitglieder.

Weitaus schwieriger zu erklären ist die oftmalige Betonung der „supreme" oder „sovereign power" bei der Erklärung von government. Hiernach scheint to govern nicht jede Ausübung von Staatsgewalt zu

---

[23] *Black*, a. a. O. Aufällig ist die doppelte Umschreibung desselben Sachverhalts mit dem Unterschied, daß im ersten Fall von der „sovereign power" die Rede ist. In ihrer zweiten Ausformung entspricht die *Black*'sche Definition der des *Dictionary of American English*, a. a. O. Vgl. ebenso *Ferguson-McHenry*, System, 6; *Hyde*, International Law I, 208; *Willoughby-Rogers*, Introduction, 14 zu und in Anm. 3.

[24] a. a. O.

[25] Die Gleichstellung mit state nehmen auch *Jowitt-Walsh*, a. a. O., vor.

[26] *Black*, a. a. O. Dort findet sich auch der Hinweis auf Stokes v. United States, auf den sich BVerfGE 1, 70 (73), und ihm folgend BGHZ 20, 112 (118) berufen, um ihre Ansicht zu begründen, to govern umfasse auch die Tätigkeit der Gerichte. Vgl. ferner zu der im Text angeführten Bedeutung *Dictionary of American English*, Vol. II, „Government" sub 1; *The Oxford English Dictionary*, a. a. O., sub 7; *Willoughby-Rogers*, Introduction, 15.

[27] *The Oxford English Dictionary*, a. a. O.; *Jowitt-Walsh*, a. a. O.; *Willoughby-Rogers*, Introduction, 15, die S. 16 folgende interessante Bemerkung machen: „Very frequently, also, the Executive, as distinguished from the Legislature, is indicated by the word ‚Government'. This is especially true in such States as Prussia and the German Empire, in which the representative law-making bodies have not possessed a decisive voice in determining the policies of the State." Abgesehen davon, daß fraglich ist, ob dieser Satz sachlich zutrifft, läßt er doch wiederum einen Rückschluß auf die Bedeutung von to govern zu.

meinen, sondern offenbar jene „Regierungstätigkeit", die erstmals *Smend*[28], dann *Scheuner*[29] zu erfassen suchten und die „die politische Staatsführung"[30] betrifft, eine Tätigkeit, die nicht notwendig einer der drei Staatsgewalten vorbehalten ist[31].

Ob auch die Rechtsprechung „politische Staatsführung" in diesem Sinn sein kann[32], soll hier nicht entschieden werden. Die normenkontrollierende Tätigkeit des Bundesverfassungsgerichts gehört jedenfalls nicht hierher[33], weil das Gericht die Ungültigkeit einer Norm nur *feststellt*[34]. Die Entscheidung des Bundesverfassungsgerichts erhält ihren Charakter als „Regierungstätigkeit" auch nicht dadurch, daß sie Gesetzeskraft hat. Zum einen resultiert diese Entscheidungswirkung aus § 31 II BVerfGG, der in Berlin nicht gilt[35]. Zum anderen unterscheidet sich die Gesetzeskraft der Entscheidung auf Grund des § 31 II BVerfGG in ihrer Wirkung nicht von der dem Prozeßrecht geläufigeren Allgemeinverbindlichkeit, die man als Rechtskraft inter omnes bezeichnen kann[36]. Diese Allgemeinverbindlichkeit der Normenkontrollentscheidung beruht nicht auf der besonderen Stellung des Bundesverfassungsgerichts, sondern auf dessen Entscheidungsgegenstand: Da das Gesetz eine abstrakt-generelle Regelung enthält, wirkt auch die Normenkontrollentscheidung abstrakt-generell[37]. Diese These wird auch durch § 47 VwGO erhärtet.

Wenn daher to govern im Genehmigungsschreiben zum Grundgesetz nur die politische Staatsführung verbietet, so wird die normenkontrollierende Tätigkeit des Bundesverfassungsgerichts hiervon *nicht* erfaßt.

---

28 In: Festgabe für Kahl, Teil III, 16.

29 In: Smend-Festschrift, 1952, 253 ff.

30 *Scheuner*, a. a. O., 277.

31 *Scheuner*, a. a. O., 268 sub II 1, 277 f. sub III 1; *Ehmke*, Smend-Festschrift, 1962, 49, der government und „Regierung" miteinander vergleicht.

32 Ablehnend *Scheuner*, a. a. O., 278, der die Rechtsprechung aus dem Bereich der „Regierung" ausklammert. Für die Verfassungsgerichtsbarkeit modifiziert er jedoch diese These, vgl. DVBl. 1952, 293 ff. Vgl. auch *Werner*, Recht im Wandel, 111. Zur hohen Bewertung, die in den USA dem Supreme Court zuteil wird, vgl. *Schwartz*, Commentary I, 321 ff., besonders 323, 365 ff.

33 A. A. offenbar *Drath*, JR 1951, 386, und *Stern*, DVBl. 1963, 696 (702 Anm. 78), die aus dem Bereich der Rechtsprechung jedenfalls die Verfassungsgerichtsbarkeit zum government zählen. Ferner *Scheuner*, DVBl. 1952, 293 (295 f.). Noch mehr differenziert das BVerfGE 19, 377 (385); 20, 257 (266), das nur „politisch bedeutsame Einwirkungen auf die Berliner Landesgewalt" hierher rechnet.

34 Aus der Vielzahl der Äußerungen vgl. BVerfGE 8, 51 (71); BGHZ 39, 45 (49); *Arndt*, NJW 1959, 2145 (2147); BB 1959, 533 (534). Als Beispiele aus der Gesetzgebung seien §§ 31 II 2, 78, 82 I, 95 III BVerfGG genannt. Kritisch hierzu *Böckenförde*, Nichtigkeit, 44 ff., 62.

35 Das wird übersehen von BGHZ 20, 112 (118).

36 Vgl. hierzu ausführlich *Bettermann*, ZZP 72 (1959), 32 (36).

37 *Bettermann*, a. a. O.; AöR 86 (1961), 129 (160).

(3) Das Wort government wird aber auch ohne Beschränkung auf die staatsleitende Tätigkeit für *jede Ausübung staatlicher Hoheitsgewalt verwendet*[38]. Das ist ganz besonders dann der Fall, wenn in der Literatur das *bundesstaatliche Verhältnis* erörtert wird[39] und man die Trennung der Kompetenzbereiche zwischen Bund und Land darstellt. Die Verwendung des Wortes government in diesem Zusammenhang entspricht den deutschen Worten: Bund(esgewalt) bzw. Land(esgewalt). Als Beleg seien einige Sätze aus der Literatur zur amerikanischen Verfassung zitiert.

Bryce[40] schreibt:

„The distribution of powers between the National and the State governments is effected in two ways . . ."

Er fährt dann fort[41]:

„The powers vested in the National *government*[42] alone are such as relate to the conduct of the foreign relations of the country and to such common national purposes as the army and navy, internal commerce, currency, weights and measures, and the post-office, *with provisions for the management of the machinery, legislative, executive, and judicial, charged with these purposes*[42]."

An anderer Stelle heißt es[43]:

„The authority of the National government over the citizens of every State is direct and immediate... For most purposes the National government ignores the States; and it treats the citizens of different States as being simply its own citizens, equally bound by its laws. The *Federal courts*[42], revenue officers, and post-office draw no help from any State officials . . ."

Ferguson-McHenry schreiben[44]:

„Where a federal form of *government*[42] exists, either the *Federal government*[42] may enforce all law, state as well as national; or the states may enforce all law; or each may assume responsibility for enforcing its own. Under the Articles of Confederation, the states undertook the enforcement of enactments of Congress; but this proved so unsatisfactory that the Constitution authorized the Federal government to enforce its own laws, leaving the states

---

[38] Vgl. die 1. Alternative der S. 63 sub 2 (zu Anm. 18) wiedergegebenen Definition.

[39] Sofern es nicht allgemein dargestellt wird wie bei *Wheare*, Federal Government, finden sich die meisten Äußerungen in Darstellungen des Staatsrechts der USA — das britische Commonwealth ist bekanntlich kein Bundesstaat.

Die weite Bedeutung von government wird sowohl von Engländern (vgl. das klassische Werk von *Bryce*, Commonwealth I, 305 ff.) als auch von Amerikanern verwendet, vgl. *Ferguson-McHenry*, System, 102 ff.; *Munro*, Government, 433 ff.; *Ogg-Ray*, Introduction 48 ff.; *Schwartz*, Commentary, Vol. I, 30 ff.

[40] Commonwealth I, 306 sub I.

[41] a. a. O., 308/309 sub II.

[42] Hervorhebung durch den Verfasser.

[43] *Bryce*, a. a. O., 312 sub VII.

[44] System, 308.

to do likewise. Accordingly, the *President*[42], acting through various administrative agencies, is charged with the responsibility of detecting and prosecuting violations of federal laws while *a federal judiciary*[42] is responsible for the trial of cases involving federal matters. At the same time, each state has a law-enforcement and judicial system of its town."

Ogg-Ray führen aus[45]:

„Powers are divided, or distributed, by fundamental law between a national government and 48 state governments ..."

Und fahren dann fort[46]:

„The national *government*[47] has only those powers expressly delegated to it or reasonably implied therein ... Specific grants of power ... are made *to congress*[47], to the *president*[47], to the *courts*[47] ...

Wenig später[48] bezeichnen sie den Supreme Court „as an organ of the national government".

Der Umfang des Federal government wird sehr klar von *Schwartz*[49] umschrieben:

„Through the Supremacy Clause, the Framers prevented the Federal Government from becoming subordinate to the states in the manner that had destroyed the effectiveness of the original Confederation. In addition, they provided that the *government*[47] of the nation was to be a fully developed structure, *with separate legislative, Executive and judicial branches*[47].

Zitate dieser Art ließen sich mehren.

Nach dieser weiteren Bedeutung von to govern ist die normenkontrollierende Tätigkeit des Bundesverfassungsgerichts ohne weiteres als government zu qualifizieren, weil es hier allein darauf ankommt, daß das Bundesverfassungsgericht Staatsgewalt — gleich welcher Art und Intensität — ausübt.

(4) Hat die frühere Untersuchung gezeigt, daß to govern a u c h in dem Sinne ausgelegt werden kann, daß die normenkontrollierende Tätigkeit des Bundesverfassungsgerichts *nicht* darunter fällt, so läßt die BK/O (52) 35 vom 20. Dezember 1952[50] die Auffassung der Alliierten deutlich werden, daß sie die Tätigkeit des Bundesverfassungsgerichts schlechthin als government ansehen. Nr. 4 der BK/O (52) 35 hat nämlich folgenden Wortlaut:

La Kommandatura Interalliée considère le Tribunal Constitutionnel Fédéral comme l'un des dépositaires du pouvoir gouvernemental suprême dans la

---

[45] Introduction, 48.

[46] a. a. O., 48/49.

[47] Hervorhebung durch den Verfasser.

[48] a. a. O., 53.

[49] Commentary I, 12.

[50] Siehe oben S. 61 Anm. 11. Die Alliierte Kommandantur hat ihre Auffassung in der BK/L (67) 10 vom 24. Mai 1967 (NJW 1967, 1743) bekräftigt.

République Fédérale. Accepter l'extension prévue dans la projet de texte soumis par le Sénat de la compétence de ce tribunal à Berlin, reviendrait à contrevenir aux réserves formulées par les Commandants-en-Chef dans leur lettre d'approbation de la Loi Fondamentale en date du 12 Mai 1949.

Das Bundesverfassungsgericht wird dort also ausdrücklich als dépositaire du pouvoir gouvernemental suprême bezeichnet. Von dieser Auffassung der Alliierten wird im folgenden ausgegangen.

III. Die Maßgeblichkeit der englischen Fassung

Der herrschenden Meinung ist auch insoweit zu folgen, daß das angloamerikanische Verständnis von to govern maßgeblich ist.

Insbesondere ist die Auffassung unzutreffend, die bei der Ermittlung der Bedeutung von to govern die Begriffe des deutschen Staatsrechts zugrunde legen will, nachdem sie to govern mit „regieren" übersetzt hat[51]. Für die Vertreter dieser Meinung ist to govern mit Regieren als einem Teil des Verwaltens identisch.

Diese Ansicht deutet als Interpretationsproblem, was ein Übersetzungsproblem ist[51a]. Kommt es bei der Übersetzung darauf an, ein Wort ohne Bedeutungsverlust in eine andere Sprache zu übertragen, also nur eine Vokabelauswechslung unter Erhalt des Sinnes vorzunehmen, so ist bei der Interpretation entscheidend, den Sinn der Vokabel zu ermitteln. Geht es hier um Übersetzung, so ist schon gedanklich ausgeschlossen, von einem „deutschen Verständnis" von to govern zu sprechen. Solange nicht feststeht, *welche* deutsche Vokabel der englischen entspricht, kann in deutscher Sprache nicht interpretiert werden.

Schwerwiegender ist das Argument, wonach das Genehmigungsschreiben auch vom französischen Militärgouverneur unterschrieben sei und den Franzosen eine „so weite Auslegung ... fremd ist"[52]. Zwar ist das Argument in dieser Form unschlüssig, weil es hier nicht um die Auslegung von to govern geht, sondern um dessen *Übersetzung*. Das Argument gewinnt aber an Schärfe, wenn man zu bedenken gibt, daß das Genehmigungsschreiben auch in französischer Sprache verfaßt und zusammen mit dem englischen Original überreicht wurde[53]. Denn sollte es richtig sein, daß das französische gouverner eine vom englischen to

---

[51] *Böhm*, JR 1964, 121 (122); *Mai*, BRD-Berlin, 76; *Steuerwald*, JR 1957, 5 (6).

[51a] Ähnlich *Czermak*, Stellung Berlins, 46 Anm. 16 sub d.

[52] *Böhm*, JR 1964, 121 (122); ders., Berliner Verfassung, 128; *Steuerwald*, JR 1957, 5 (6).

[53] Vgl. oben S. 43 Anm. 92. Damit wird auch das Argument *Sendlers*, JR 1958, 81 (82), wonach die Tatsache der Unterschrift des französischen Militärgouverneurs unerheblich sei, weil lediglich der englische Text bekannt sei, hinfällig.

govern abweichende Bedeutung hat, so ist das Problem zu lösen, welcher Text bei mehrsprachigen voneinander abweichenden Texten maßgeblich ist[54].

Welche Bedeutung das Wort gouverner im französischen Text des Genehmigungsschreibens hat, braucht jedoch im einzelnen nicht untersucht zu werden; denn feststeht, daß es *auch* einen ebenso weiten Sinn wie to govern haben kann[55]. Da sich eine engere Auffassung des Wortes gouverner während der langen Zeit der Praktizierung des Vorbehaltes keine Anerkennung verschafft hat und das französische Wort auch eine weite mit der englischen Fassung übereinstimmende Bedeutung haben kann, besteht keine Veranlassung, die Maßgeblichkeit dieser weiten Deutung zu bezweifeln. Ein Indiz für die Richtigkeit dieser Auffassung ist der Umstand, daß der Einspruch der Alliierten Kommandantur gegen die Rezeption des Bundesverfassungsgerichtsgesetzes in *französischer* Sprache abgefaßt ist[56]. In Nr. 4 dieses Einspruchs wird das Bundesverfassungsgericht — ein *Gericht* — als „dépositaire du pouvoir gouvernemental suprême" bezeichnet. Bei einer engen Auffassung des Wortes gouverner wäre diese Formulierung unverständlich.

§ 14 Einschränkung des Genehmigungsvorbehalts durch die Alliierten?

Unterliegt die Tätigkeit des Bundesverfassungsgerichts dem government(gouvernement)-Vorbehalt, so ist, bevor die näheren Auswirkungen des Vorbehalts hinsichtlich der Rechtsprechungskompetenzen des Bundesverfassungsgerichts in bezug auf Berlin untersucht werden, die Frage zu erörtern, ob die Militärgouverneure oder ihre Nachfolger, die Hohen Kommissare, eine Ausnahme vom Vorbehalt zugelassen haben.

§ 106 BVerfGG, der ebenso wie die übrigen Bestimmungen dieses Gesetzes von der Alliierten Hohen Kommission nicht aufgehoben worden ist, obwohl sie dazu nach Nr. 5 des Revidierten Besatzungsstatuts vom 6. März 1951[57] in Verbindung mit Nr. 2 der Direktive Nr. 1 gleichen Datums[58] rechtlich in der Lage gewesen wäre, sieht zwei Möglichkeiten vor, daß das Bundesverfassungsgerichtsgesetz auch in Berlin gilt:

---

[54] Vgl. hierzu *Dölle*, RabelsZ 26 (1961), 4 ff. *Makarov*, Hommage à Guggenheim, 403 ff.

[55] *Böhm*, JR 1964, 121 (122 Anm. 20); *Duverger*, Institutions politiques, 137; Otto *Mayer*, Theorie des Französischen Verwaltungsrechts, 7.

[56] Vgl. oben S. 67 f.

[57] AHK-ABl. S. 792.

[58] AHK-ABl. S. 797.

(a) daß ein Berliner Gesetz in Übereinstimmung mit dem Bundesverfassungsgerichtsgesetz die Zuständigkeit des Bundesverfassungsgerichts begründet;

(b) soweit das Grundgesetz in Berlin gilt[59].

Vor allem die erste Möglichkeit deutet auf eine Ausnahme zum government(gouvernement)-Vorbehalt hin; denn es entsteht der Eindruck, als solle das Bundesverfassungsgerichtsgesetz kraft Bundesgewalt in Berlin gelten, wenn es durch eine auctoritatis interpositio Berlins in Kraft gesetzt worden ist. Abgesehen davon, daß eine Rezeption des Bundesverfassungsgerichtsgesetzes durch Berlin[60] am Einspruch der Alliierten Kommandantur[61] gescheitert ist, erscheint diese Auslegung des § 106 BVerfGG wenig sinnvoll. Der Bundesgesetzgeber hat hier lediglich für seinen Wirkungsbereich klarstellen wollen, daß die mit der Anwendung des Bundesverfassungsgerichtsgesetzes befaßten Organe des Bundes, also insbesondere das Bundesverfassungsgericht, dieses Gesetz auch auf Berliner Sachverhalte anwenden sollen[62], wenn die Voraussetzungen des § 106 BVerfGG erfüllt sind.

Die zweite Möglichkeit leidet an einer unklaren Formulierung des § 106 BVerfGG. Geht man vom Wortlaut dieser Alternative aus, so kommt es darauf an, ob das Grundgesetz — teilweise — in Berlin gilt. Wird diese Geltung festgestellt, gilt auch das Bundesverfassungsgerichtsgesetz in Berlin. Die Frage ist aber, wie das Wort „soweit" auszulegen ist. Eine teilweise Geltung des Bundesverfassungsgerichtsgesetzes entsprechend der teilweisen Geltung des Grundgesetzes läßt sich in der Weise vorstellen, daß die Bestimmungen des Bundesverfassungsgerichtsgesetzes in Berlin gelten können, die der Konkretisierung von in Berlin geltenden Grundgesetzbestimmungen dienen sollen[63]. Solche Grundgesetzbestimmungen wären die Art. 93 und 94 GG.

---

[59] Dem § 106 BVerfGG gleichlautende Berlin-Klauseln enthalten die folgenden Änderungsgesetze: Art. 6 des Gesetzes vom 21. Juli 1956 (BGBl. I S. 662), Art. 3 des Gesetzes vom 26. Juni 1959 (BGBl. I S. 297) und Art. 2 des Gesetzes vom 3. August 1963 (BGBl. I S. 589). Erwähnung verdienen die Berlin-Klauseln in Gesetzen, die eine andere Materie regeln und dabei eine Vorschrift des Bundesverfassungsgerichtsgesetzes ändern: § 92 des Deutschen Richtergesetzes vom 8. September 1961 (BGBl. I S. 1665) ändert § 3 II BVerfGG und enthält in § 125 die seit Inkrafttreten des Dritten Überleitungsgesetzes übliche Berlin-Klausel. § 28 des Vereinsgesetzes vom 5. August 1964 (BGBl. I S. 593) hebt § 42 des BVerfGG auf und ändert § 47. Die Berlin-Klausel des § 33 des Vereinsgesetzes schließt aber die Geltung des § 28 in Berlin ausdrücklich aus. Sowohl das Deutsche Richtergesetz als auch das Vereinsgesetz wurden unverändert und unbeanstandet von Berlin übernommen, vgl. Gesetz vom 29. September 1961 (GVBl. S. 1407) bzw. Gesetz vom 14. August 1964 (GVBl. S. 885).

[60] Abgh-Drs. I/1300.

[61] BK/O (52) 35 vom 20. Dezember 1952, Dok. Nr. 97.

[62] Vgl. oben S. 25 Anm. 40.

[63] In dieser Richtung legt offenbar das BVerwGE 2, 122 (126) die Bestimmung aus.

Bei dieser Auslegung des § 106 BVerfGG hängt seine Geltung in Berlin davon ab, ob die Normen des Grundgesetzes, die die Zuständigkeit des Bundesverfassungsgerichts begründen, in Berlin gelten. Die Geltung von Grundgesetzbestimmungen in Berlin bestimmt sich aber nach dem Genehmigungsschreiben zum Grundgesetz.

Zum selben Ergebnis kommt man, wenn man die Worte „soweit das Grundgesetz für das Land Berlin gilt" als eine kurzgefaßte Weiterverweisung auf die Voraussetzungen versteht, unter denen das Grundgesetz in Berlin gilt. Unter denselben Voraussetzungen also, unter denen das Grundgesetz in Berlin gelten kann, gilt auch das Bundesverfassungsgerichtsgesetz in Berlin. Auch diese Frage beantwortet sich durch Auslegung des Genehmigungsschreibens zum Grundgesetz.

Eine dritte Auslegungsmöglichkeit des Wortes „soweit" ergibt sich aus dem Umstand, daß das Grundgesetz teilweise in Berlin gilt[64]. Soweit Normen des Grundgesetzes in Berlin gelten, kann das Bundesverfassungsgericht nach Maßgabe des Bundesverfassungsgerichtsgesetzes über diese Grundgesetznormen judizieren[65], insbesondere wenn es um die Verletzung der in Berlin geltenden Normen des Grundgesetzes oder um Streitigkeiten über ihre Auslegung oder Anwendung geht. Der Hüter der Verfassung — das Bundesverfassungsgericht[66] — ist auch zur Behütung der in Berlin geltenden Grundgesetznormen berufen.

Diese letzte Auslegungsmöglichkeit führt zu einer Erstreckung der Zuständigkeit des Bundesverfassungsgerichts auf Berlin. Insoweit müßte von einer entsprechenden Einschränkung des government-Vorbehaltes durch die Alliierte Hohe Kommission gesprochen werden. Nach alliiertem Verständnis kann aber von einer solchen Ausnahme keine Rede sein. Selbst wenn § 106 BVerfGG eine beschränkte Zuständigkeit des Bundesverfassungsgerichts vorsieht, gilt nach alliiertem Verständnis das Grundgesetz nicht in Berlin. Die von § 106 BVerfGG vorausgesetzte Grundlage für die Zuständigkeit des Bundesverfassungsgerichts ist somit nicht gegeben. Eine stillschweigende Zustimmung zu § 106 BVerfGG konnten die Alliierten bedenkenlos erteilen, weil sie es in der Hand haben, die Geltung des Grundgesetzes in Berlin zuzulassen[67].

Selbst wenn man davon ausgeht, daß — auch nach alliiertem Verständnis — das Grundgesetz teilweise auf Grund der Rezeption durch den Berliner Landesverfassungsgeber in Berlin gilt, so bleibt das Argu-

---

[64] Vgl. oben S. 42 ff., 55.

[65] Offenbar aus diesem Grund prüfte BVerfGE 1, 70 ff., ob die Grundrechte in Berlin gelten.

[66] *Maunz—Sigloch—Schmidt-Bleibtreu—Klein*, BVerfGG, § 1 Rdnr. 8 m. w. Nachw.

[67] BVerfGE 7, 1 (16).

ment des Bundesverfassungsgerichts[68] beachtlich, daß die stillschweigende Billigung des unklaren § 106 BVerfGG durch die Alliierten nicht als Zulassung der unmittelbaren Kompetenz des Bundesverfassungsgerichts für Berlin gedeutet werden kann. Hinzu kommt die fehlende Kompetenz der Alliierten Hohen Kommission, die Erstreckung von Bundesgewalt auf Berlin gegen den — hier geäußerten — Willen der Alliierten Kommandantur zuzulassen[69].

Mit der stillschweigenden Genehmigung des § 106 BVerfGG ist daher keine Ausnahme vom government(gouvernement)-Vorbehalt zugelassen worden.

Drittes Kapitel

Die Auswirkung der alliierten Vorbehalte auf die Tätigkeit des Bundesverfassungsgerichts in Berlin

Trotz der Feststellung, daß die Tätigkeit des Bundesverfassungsgerichts, namentlich die der Normenkontrolle, *beiden* alliierten Vorbehalten unterliegt und daher in bezug auf Berlin verboten ist, bleibt die Frage offen, *wann* diese Tätigkeit als im Hinblick auf Berlin erfolgend qualifiziert werden muß — genauer formuliert, welche der vom Bundesverfassungsgericht zu entscheidenden Fälle die von den alliierten Vorbehalten verbotene Berlin-Beziehung haben[70].

Erster Abschnitt

§ 15 Die in der Literatur entwickelte These

Die zu erörternde von der Literatur expressis verbis nicht gestellte Frage[71] wird von ihr offenbar damit beantwortet, daß das Bundesver-

---

[68] BVerfG, a. a. O.; neuerdings steht das Bundesverfassungsgericht dem alliierten Schweigen unkritischer gegenüber, BVerfGE 19, 377 (387).

[69] Vgl. oben S. 47.

[70] Die gleiche Fragestellung bei *Lerche*, Leibholz-Festschrift II, 474. Die Alliierte Kommandantur konkretisiert ihr Verbot bezüglich der Tätigkeit des Bundesverfassungsgerichts in der BK/L (67) 10 vom 24. Mai 1967 (NJW 1967, 1743) dahin, daß das Bundesverfassungsgericht unzuständig sei, „(1) die Verfassungsmäßigkeit von Handlungen Berliner Behörden oder (2) die Verfassungsmäßigkeit von Berliner Gesetzen, einschließlich von Gesetzen zur Übernahme von Bestimmungen der Bundesgesetzgebung, zu überprüfen".

[71] Anders jetzt *Lerche*, a. a. O.

fassungsgericht für Berlin nur dann ausgeschlossen sei, wenn Akte der Berliner Staatsgewalt kontrolliert werden sollen[72].

Eine Begründung dieser These wird nirgends gegeben. Man beruft sich allenfalls auf die Rechtsprechung des Bundesverfassungsgerichts[73], die in der Tat Ansätze zu einer solchen These bietet.

So hat der II. Senat des Bundesverfassungsgerichts[74] ausgeführt, daß government über Berlin „jedenfalls" dann vorliege, wenn „Handlungen von Berliner Staatsorganen mit Wirkung für den innerlandesrechtlichen Bereich" kontrolliert werden.

Der I. Senat des Bundesverfassungsgerichts[75] hält in Fortführung dieser These „neben dem allgemeinen institutionellen Rang des Bundesverfassungsgerichts und seiner Tätigkeit als Bestandteil des ‚government' der Bundesrepublik ... auch die Tragweite seiner Entscheidung gegenüber dem Lande Berlin und dessen Staatsgewalt" für erheblich. „Auszugehen ist dabei von der Wirkung, die die Entscheidung des Bundesverfassungsgerichts haben würde[76]."

Ferner liegt eine — nicht in Urteilsform ergangene — Stellungnahme des Bundesverfassungsgerichts anläßlich eines Vorlagebeschlusses des Bundesfinanzhofs[77] gemäß Art. 100 I GG über die Grundgesetzmäßigkeit von im Mantelgesetzgebungsverfahren nach dem Dritten Überleitungsgesetz rezipiertem Bundesrecht vor. Der Vorsitzende des I. Senats teilt mit, daß auch in diesem Fall eine Entscheidung des Bundesverfassungsgerichts nicht möglich sei, weil sie sich „unmittelbar oder mittelbar auf Akte der Berliner Staatsgewalt auswirken müßte"[78].

---

[72] *Böhm*, JR 1964, 121 (123), der diese These aber am Ende seines Aufsatzes (S. 128 f.) einschränkt, ohne allerdings hieraus die notwendigen Konsequenzen für die Tätigkeit des Bundesverfassungsgerichts zu ziehen. Vgl. ferner *Knoll*, JR 1963, 361 (364 l. Sp. und passim); Hw. *Müller*, JR 1966, 378; *Rudolph*, DVBl. 1964, 251 (252 r. Sp.); *Schüssler*, NJW 1965, 845 (846 sub B); *Stern*, DVBl. 1963, 696 (698, 702); RzW 1965, 62.

[73] *Böhm*, JR 1964, 121 (123).

[74] BVerfGE 7, 1 (15), anläßlich eines Verfahrens gemäß Art. 100 I GG über die Grundgesetzmäßigkeit Berliner Rechtes auf Vorlage des Ehrengerichts der Rechtsanwaltskammer Berlin. Vgl. auch BVerfGE 7, 192, zu einer Verfassungsbeschwerde gegen ein Urteil eines Berliner Gerichts.

[75] BVerfGE 10, 229 (231), anläßlich einer Verfassungsbeschwerde gegen ein Urteil des Bundesgerichtshofs.

[76] BVerfG, a. a. O., sub 2.

[77] BFH BStBl. 1962 III S. 359.

[78] Vgl. die Wiedergabe eines Schreibens des Vorsitzenden des I. Senats des Bundesverfassungsgerichts vom 10. September 1962 — 1 BvL 13/62, in: BFH BStBl. 1963 III S. 189. Diese Stellungnahme wird vom BVerwG DVBl. 1964, 753 (754/5) übersehen.
Nichtsdestoweniger hat das Bundesverfassungsgericht im Verfahren nach Art. 100 II GG judiziert, obwohl es sich um eine Berliner Sache handelte; vgl. BVerfGE 15, 25 ff. mit kritischer Anmerkung von *Wengler*, NJW 1963, 435 ff. Der BGH NJW 1964, 203 hielt sich für an diese Entscheidung gebunden.

Schließlich hat der I. Senat des Bundesverfassungsgerichts[79] ausgeführt: „Der Vorbehalt enthält ein kurz formuliertes prinzipielles Verbot politisch bedeutsamer Einwirkung der Bundesrepublik auf die Berliner Landesgewalt (BVerfGE 10, 229 [232]).“ Dieser Formel hat sich der II. Senat nunmehr angeschlossen[80].

Verfolgt man die Entwicklung der Rechtsprechung des Bundesverfassungsgerichts, so ist eine zunehmende Verengung in der Interpretation des Besatzungsvorbehaltes nicht zu verkennen. War der *Eingriff in die Berliner Staatsgewalt* in den Entscheidungen im 7. und 10. Band noch als ein Beispielsfall für den Umfang des alliierten Verbotes aufzufassen, so scheint insbesondere die letzte Entscheidung dahin zu tendieren, daß der Eingriff in die Berliner Staatsgewalt der *einzige Fall* ist, in dem das Bundesverfassungsgericht nicht judizieren darf.

Zweiter Abschnitt

Die Gebietshoheit als Abgrenzungskriterium

§ 16 Alliierte Vorbehalte und Gebietshoheit

Will man eine Antwort auf die gestellte Frage finden, so ist es erforderlich, die alliierten Vorbehalte — in den Genehmigungsschreiben zum Grundgesetz und zur Verfassung von Berlin — in dem Zusammenhang zu sehen, in dem sie entstanden sind.

Wie bereits erwähnt[81], übernahmen die vier Alliierten mit der Besetzung Deutschlands die oberste Gewalt (supreme authority), da es in Deutschland, wie die Alliierten es selbst begründeten, „keine zentrale Regierung oder Behörde (gab), die fähig wäre, die Verantwortung für die Aufrechterhaltung der Ordnung, für die Verwaltung des Landes und für die Ausführung der Forderungen der siegreichen Mächte zu übernehmen[82].“

Völkerrechtlich gesprochen, erlangten die Alliierten damit die Gebietshoheit über Deutschland[83] — ob der Substanz oder nur der Ausübung

---

[79] BVerfGE 19, 377 (385).

[80] BVerfGE 20, 257 (266).

[81] Vgl. oben S. 45 ff.

[82] Erklärung in Anbetracht der Niederlage Deutschlands vom 5. 6. 1945, *Rauschning*, Gesamtverfassung, Nr. 4. Die englische, französische und russische Originalfassung ist in UNTS II Nr. 230 Bd. 68 S. 190 ff. abgedruckt.

[83] *Mampel*, Sowjetsektor, 25 f.; *Oppenheim-Lauterpacht*, International Law I, 568 i. V. mit 119, 286 sub § 123; *Riklin*, moderne welt 3 (1961/62), 81 (82); ders., Berlinproblem, 232 und passim; *Stern*, DVBl. 1963, 696 (698); *Wengler*, Völkerrecht II, 1164 Anm. 8 i. V. mit der Definition S. 1161/2.

nach, mag dahingestellt bleiben, weil diese Frage nur für die Fortexistenz des Deutschen Reichs von Bedeutung ist, nicht aber für die hier zu erörternde Frage, wie die Vorbehalte im Hinblick auf Berlin zu interpretieren sind. Die Aufteilung der Kompetenzen unter die Alliierten erfolgte vor allem nach territorialen Gesichtspunkten, indem jeder Besatzungsmacht eine Zone zur *ausschließlichen* Zuständigkeit und das Gebiet Groß-Berlins der gemeinschaftlichen Verwaltung aller vier Besatzungsmächte durch die Alliierte Kommandantur überlassen wurden. Eine sachliche Aufteilung erfolgte nur für die Deutschland als Ganzes betreffenden Angelegenheiten, zu deren Wahrnehmung der Kontrollrat berufen wurde.

Die vor allem *territoriale* Aufteilung der alliierten Kompetenzen kann als *Aufteilung der* gemeinsam übernommenen *Gebietshoheit* auf die einzelnen Besatzungsmächte sowie die Alliierte Kommandantur gewertet werden[84]. Infolgedessen waren die Oberbefehlshaber und die Alliierte Kommandantur zur Regelung aller Angelegenheiten auf ihrem Gebiet allein zuständig[85].

Zu diesen Angelegenheiten gehörte auch das Problem der Ausdehnung deutscher Staatsgewalt über das infolge der alliierten Zuständigkeiten bestehende Maß hinaus. Eine solche Ausdehnung war nur möglich, wenn der Träger der Besatzungsgewalt damit einverstanden war und insoweit seine Kompetenzen aufgab. Die Konstituierung der Bundesrepublik war infolgedessen nur im Einverständnis mit den Alliierten möglich, das jedoch von der UdSSR verweigert wurde. Eine Beschränkung des Gebietes der Bundesrepublik Deutschland auf das Territorium der westlichen Besatzungszonen war die zwangsläufige Folge; denn über anderes Gebiet konnten die drei westlichen Oberbefehlshaber keine Bestimmungen treffen[86].

Bereits die territoriale Abgrenzung der Zuständigkeiten der Besatzungsmächte nach den Grundsätzen über die Gebietshoheit legt es nahe, diese Kriterien auch auf die Abgrenzung der deutschen Teilstaatsgewalten, die sich auf der Basis der Besatzungszonen bildeten, anzuwenden. Da sich die Regeln über die Gebietshoheit nicht auf das Verhältnis von Staaten i. S. des Völkerrechts untereinander beschränken[87] und außer-

[84] *Jennings*, B. Y. 23 (1946), 112 (116); *Riklin*, moderne welt 3 (1961/62); ders., Berlinproblem, 232/3, 255.

[85] Zur Stellung der Alliierten Kommandantur gegenüber dem Alliierten Kontrollrat vgl. oben S. 45.

[86] Nur angedeutet sei die Frage, ob die Konstituierung der Bundesrepublik nicht „Deutschland als Ganzes" betraf, so daß die Zulassung des Entstehens der Bundesrepublik durch die West-Alliierten möglicherweise als Verstoß gegen Art. 1 des Abkommens vom 14. November 1944 (vgl. oben S. 44/45 Anm. 95 und 98) zu werten ist. Bejahend *Mann*, JZ 1967, 585 (588 sub III).

[87] *Wengler*, Völkerrecht II, 1092.

dem das Bundesstaatsrecht die analoge Anwendung von Regeln des Völkerrechts kennt[88], wobei die Praxis auch mit den Grundsätzen der Gebietshoheit gearbeitet hat[89], zwingt die Verwendung dieses Kriteriums nicht notwendig dazu, das Verhältnis Berlins zur Bundesrepublik als ein ausschließlich völkerrechtliches zu betrachten.

Art. 23 S. 1 GG, der die Einbeziehung Groß-Berlins in die Bundesrepublik vorsieht, ging über das von den drei West-Alliierten beherrschte Gebiet hinaus. Denn trotz der Mitgliedschaft der drei Westmächte durch ihre Kommandanten in der Alliierten Kommandantur waren nicht sie, sondern war und ist die Alliierte Kommandantur Verwalter des Gebiets von Groß-Berlin. Eine Eingliederung Berlins hätte somit die Viermächteverwaltung über das „besondere Berliner Gebiet“[90] verletzt[91]. Obwohl der russische Stadtkommandant zur Zeit der Konstituierung der Bundesrepublik seine Mitarbeit in der Alliierten Kommandantur bereits eingestellt hatte und die drei westlichen Kommandanten Ende 1948 die Tätigkeit der Alliierten Kommandantur ohne ihn wieder aufgenommen hatten[92] sowie die Verbindlichkeit ihrer Beschlüsse wenigstens für West-Berlin durchsetzen konnten, hat die Alliierte Kommandantur eine Einbeziehung West-Berlins in die Bundesrepublik nicht geduldet[93].

Wenn daher die drei Militärgouverneure das government-Verbot aussprachen, so konnte dieses nur den Sinn haben, der fehlenden Zustimmung der Alliierten Kommandantur zur Einbeziehung Berlins in die Bundesrepublik Nachdruck zu verleihen. Infolgedessen wurde angeordnet, daß bundesdeutsche Staatsgewalt in Berlin nicht, d. h. nicht kraft eigenen Rechts, tätig werden darf. Dieses Verbot sicherte zugleich die Zuständigkeiten der Alliierten Kommandantur zur Ausübung von Hoheitsgewalt in Berlin[94], die, wie bereits erwähnt, im Verhältnis zu den übrigen Besatzungszonen, dem Prinzip der Gebietshoheit folgend, territorial abgegrenzt waren, abgesehen von der besonderen Zuständigkeit

---

[88] Vgl. *Berber*, Völkerrecht I, 143; *Mallmann*, in: Strupp-Schlochauer III, „Völkerrecht und Bundesstaat“, 648 f.; *Thoma*, HdbDStR I, 178 m. zahlr. Nachw. in Anm. 16.

[89] Staatsgerichtshof für das Deutsche Reich, in: RGZ 116 Anh. 18 (30); 122 Anh. 1 (6).

[90] Nr. 1 des Protokolls vom 12. September 1944 (*Rauschning*, Gesamtverfassung, Nr. 2 I; Dok. Nr. 1).

[91] *Czermak*, Stellung Berlins, 56.

[92] Vgl. oben S. 46 Anm. 108.

[93] Vgl. das Schreiben der Alliierten Kommandantur vom 14. Mai 1949, Dok. Nr. 87, wo diese von der fehlenden Zustimmung spricht, die seitens der drei Militärgouverneure erklärt wurde; BK/O (50) 75 vom 29. August 1950 (VOBl. I S. 440).

[94] Ähnlich auch das BVerfGE 19, 377 (386), das jedoch den Schutz der Entscheidungsfreiheit der westlichen Alliierten schlechthin, nicht aber der Alliierten Kommandantur im besonderen betont. Vgl. ferner *Wengler*, Leibholz-Festschrift II, 946.

des nicht mehr funktionierenden Kontrollrats. Infolgedessen durfte die Bundesrepublik Berlin nicht als *ihr* Territorium behandeln und ihre Gebietshoheit nicht auf Berlin erstrecken.

Der Grundsatz der Gebietshoheit[95] räumt jedem Staat die ausschließliche Zuständigkeit zur Vornahme von Hoheitsakten auf seinem Gebiet ein und verbietet es ihm, auf dem Gebiet eines fremden Staates ohne dessen Einwilligung Hoheitsakte zu erlassen. Darüber hinaus begrenzt er auch in bestimmtem Umfang die staatliche Gesetzgebungsbefugnis: Der Staat darf nicht schrankenlos an Sachverhalte mit Auslandsbeziehungen anknüpfen; vielmehr ist in jedem Fall eine „Binnenbeziehung" erforderlich[96]. Freilich ist diese Grenze für die staatliche Gesetzgebungsbefugnis sehr weit gezogen[97].

§ 17 Die dem Bundesverfassungsgericht in Berlin untersagte Tätigkeit[98]

Will man feststellen, welche Folgerungen sich für die Zuständigkeit des Bundesverfassungsgerichts zur Normenkontrolle nach Art. 100 I GG aus dem Kriterium der Gebietshoheit ergeben, so kann man die Frage unter zwei verschiedenen Gesichtspunkten angehen. Diese beiden Möglichkeiten sollen im folgenden entwickelt und auf ihre praktische Verwendungsfähigkeit hin geprüft werden.

Zuvor sei jedoch festgestellt, daß die Gebietshoheit über Berlin insoweit durch die Tätigkeit des Bundesverfassungsgerichts nach Art. 100 I GG nicht berührt wird, als das Gericht seine Tätigkeit nicht auf „fremdem" Territorium ausübt, da es ja seine Sitzungen in Karlsruhe, nicht aber in Berlin abhält.

I. Die materielle Akzessorietätstheorie

Was die erste Möglichkeit zur Abgrenzung der Zuständigkeit des Bundesverfassungsgerichts nach Art. 100 I GG anbelangt, so könnte man versuchen, die Tatsache fruchtbar zu machen, daß das Bundesverfassungsgericht über die Verfassungsmäßigkeit oder Bundesrechtsmäßigkeit und die Gültigkeit eines *Gesetzes* judiziert. Ebenso wie die Gebietshoheit

---

[95] Vgl. *Berber*, Völkerrecht I, 297; *Dahm*, Völkerrecht I, 154 f.; *Oppenheim-Lauterpacht*, International Law I, 286 ff.; *Ridder*, in: Strupp-Schlochauer I, „Gebietshoheit", 624/625; *Ross*, Völkerrecht, 150 ff.; *Schwarzenberger*, Manual, 65; *Stuyt*, Principles, 2; *Verdross*, Völkerrecht, 266 ff.; *Vogel*, Anwendungsbereich, 101—108; *Wengler*, Völkerrecht II, 963 Anm. 3.

[96] *Vogel*, Anwendungsbereich, 102 f., 104 FN 74 mit zahlreichen Nachweisen; *Wengler*, Völkerrecht II, 934, 936 ff.

[97] Wegen der Einzelheiten vgl. die in Anm. 96 Genannten und unten S. 80.

[98] Zum folgenden vgl. *Lerche*, Leibholz-Festschrift II, 476.

verletzt wird, wenn der staatliche Gesetzgeber unzulässigerweise an Auslandsbeziehungen anknüpft, wird sie auch verletzt, wenn das Bundesverfassungsgericht ohne Ermächtigung durch Berliner Gesetz im Vorlageverfahren Normen kontrolliert, die an Sachverhalte anknüpfen, die der Berliner Gesetzgeber in Ausübung eigener Gebietshoheit regeln darf oder geregelt hat. Umgekehrt ist das Bundesverfassungsgericht zur Kontrolle von Normen berufen, die ohne Verletzung der Gebietshoheit über Berlin erlassen wurden.

1. Die Überprüfung von Bundesrecht

Um diesen Gedanken weiter zu verdeutlichen, empfiehlt es sich, die Frage zu untersuchen, inwieweit das Bundesverfassungsgericht Bundesrecht nachprüfen darf, das ja auch in Berlin anwendbar ist.

Freilich kann Bundesrecht als solches in Berlin keine Geltung beanspruchen, weil damit die Bundesrepublik die Schranken ihrer Gebietshoheit überschreiten würde. Infolgedessen bedurfte es eines besonderen Verfahrens, um den Anwendungsbereich von Bundesrecht auch auf Berlin zu erstrecken. Da dieses Verfahren von den Alliierten gebilligt wurde, hätte nichts nähergelegen, als mit Zulassung der Erstreckung des Anwendungsbereichs von Bundesrecht auf Sachverhalte mit Berlin-Beziehung auch eine entsprechende Entscheidungsbefugnis des Bundesverfassungsgerichts zuzulassen. Daß dies nicht geschehen ist, sondern eine Erstreckung der Entscheidungsbefugnis des Bundesverfassungsgerichts auf Berlin ausdrücklich untersagt worden ist, ergibt sich klar und eindeutig aus der mehrfach zitierten BK/O (52) 35 vom 20. Dezember 1952[99], insbesondere deren Nr. 4, und der BK/L (67) 10 vom 24. Mai 1967[100].

Diese Entscheidung der Alliierten Kommandantur führt zu einer Diskrepanz zwischen der Anwendung des Bundesrechts im Sinne des „vom Bund formulierten Rechts“[101] in Berlin und seiner Kontrolle durch das Bundesverfassungsgericht. Diese Diskrepanz zwischen Anwendungsbereich von Bundesrecht und Zuständigkeitsbereich des Bundesverfassungsgerichts nötigt zur Abgrenzung, wann das Bundesverfassungsgericht Bundesrecht prüfen darf und wann nicht[102].

(a) Man könnte, was naheliegt, die Abgrenzung danach treffen, ob dem Bundesverfassungsgericht Bundesrecht als solches vorgelegt wird oder in Berlin geltendes Bundesrecht. Das Bundesverfassungsgericht

---

[99] Dok. Nr. 97.

[100] NJW 1967, 1743.

[101] Vgl. oben S. 25 Anm. 39.

[102] Die BK/L (67) 10 vom 24. Mai 1967 enthält für die Lösung dieser Probleme leider keinen Hinweis.

wäre dann zur Überprüfung von in Berlin geltendem Bundesrecht unzuständig. Dieser Gedanke beruht auf dem Schluß, daß die Transformation von Bundesrecht nach Berlin notwendig war, um die Verletzung der Berliner Gebietshoheit zu vermeiden, die eintreten würde, wenn Bundesrecht als solches seinen Geltungsbereich auf Berlin erstreckte[103,104].

Allerdings steht der Abgrenzung danach, welches Recht angewandt werden soll bzw. vorgelegt wird, die praktische Schwierigkeit entgegen, daß nicht ohne weiteres feststeht, ob Bundesrecht als solches oder das in Berlin geltende Bundesrecht zur Normenkontrolle ansteht. Die Rechtsanwendungsorgane pflegen jedenfalls nicht ausdrücklich zu erklären, ob sie im konkreten Fall Bundesrecht als solches oder in Berlin geltendes Bundesrecht anwenden. Um hier weiterzukommen, bedarf es zweier Unterstellungen:

(1) Das jeweilige Rechtsanwendungsorgan wendet nur das Recht an, das ohne Verletzung fremder Gebietshoheit erlassen wurde.

(2) Der Gesetzgeber wird nur unter Einhaltung der völkerrechtlichen Grenzen seiner Gesetzgebungsbefugnis tätig.

Wenn das Rechtsanwendungsorgan nur „gebietshoheitskonformes" Recht anwendet und der jeweilige Gesetzgeber nur „gebietshoheitskonformes" Recht setzt, dann läßt sich auf Grund des jeweils zur Ent- oder Bescheidung anstehenden Sachverhalts das angewandte Recht erschließen. Denn es sind bestimmte Eigenschaften des Sachverhalts, die seine „gebietshoheitskonforme" Regelung zulassen oder nicht. Gehört er zu den Sachverhalten, die beispielsweise der Bundesgesetzgeber „gebietshoheitskonform" regeln durfte und wendet das Rechtsanwendungsorgan nur „gebietshoheitskonformes" Recht an, so wird Bundesrecht als solches angewandt. Hierüber dürfte das Bundesverfassungsgericht im Falle des Art. 100 I GG Normenkontrolle ausüben.

Es wurde bereits ausgeführt, daß die Gebietshoheit als Schranke für die staatliche Gesetzgebungsbefugnis eine sehr weit gezogene Grenze

---

103 Vgl. oben S. 78.

104 Ob die *Anwendung* von Bundesrecht als solchem in Berlin in jedem Fall die Berliner Gebietshoheit verletzen würde, ist eine andere Frage, deren Beantwortung davon abhängt, was man unter dem vieldeutigen Begriff „Anwendung in Berlin" versteht. Von „Anwendung in Berlin" kann man sprechen, wenn ein in Berlin residierendes Bundesorgan Bundesrecht als solches anwendet (was unbedenklich ist, wenn man beachtet, daß diese Tätigkeit des Bundesorgans auf einer Erlaubnis Berlins beruht); ferner dann, wenn die Anwendung durch ein Berliner Organ erfolgt (was nur unter ganz bestimmten Voraussetzungen bedenkenfrei ist, vgl. unten S. 101 c); schließlich dann, wenn Bundesrecht als solches auf Sachverhalte mit Berlin-Beziehung angewendet wird (was nur bei sog. doppelter Verknüpfung des Sachverhalts mit Berlin und dem Bundesgebiet sowie durch ein zur Rechtsordnung der Bundesrepublik gehöriges Organ zulässig ist; vgl. unten S. 80/81 und S. 90.

enthält. Die Sachverhaltselemente, an die der Gesetzgeber im Rahmen der Gebietshoheit anknüpfen darf, damit er dem Erfordernis der „Binnenbeziehung“ genügt[105], sind recht vage. Zulässig ist die Anknüpfung an die Staatsangehörigkeit desjenigen, dessen Verhalten geregelt werden soll[106], ferner eine territoriale Anknüpfung derart, daß entweder eine der am Sachverhalt beteiligten Personen ihren Wohnsitz auf dem Territorium des legiferierenden Staates hat[107] oder der Sachverhalt in wenigstens einer Beziehung auf dem Staatsgebiet lokalisiert werden kann[108]. Hierher gehört auch die mit dem Begriff „Diensthoheit“ bezeichnete Bindung, die die im öffentlichen Dienst stehenden Personen zum Staat eingegangen sind[109].

Daß diese Anknüpfungsmomente vieldeutig sind[110] und ihr Vorhandensein oder Fehlen im Einzelfall vielfach nur schwer feststellbar ist, bedarf keiner besonderen Betonung. Dies sowie der Umstand, daß wegen der engen Beziehungen zwischen Berlin und der Bundesrepublik vielfach Sachverhalte bestehen, die Anknüpfungsmomente sowohl zum Bundesgebiet als auch zu Berlin aufweisen, führt zu erheblichen praktischen Schwierigkeiten. Denn es ist völkerrechtlich anerkannt, daß Sachverhalte mit Beziehung zum Ausland, die zugleich eine ausreichende Beziehung zum Inland aufweisen, mit Verbindlichkeit für das Inland geregelt werden dürfen[111]. In den Fällen doppelter Anknüpfung dürfen daher, vom Grundsatz der Gebietshoheit her gesehen, sowohl der Bundesgesetzgeber[112] als auch der Berliner Gesetzgeber tätig werden. Dies hätte zur Folge, daß auf einen solchen Sachverhalt sowohl das Bundesrecht als solches als auch nach Berlin übernommenes Bundesrecht anwendbar wären. Das Bundesverfassungsgericht wäre zur Prüfung befugt und zugleich nicht befugt — ein widersinniges Ergebnis.

(b) Dieses Ergebnis läßt sich vermeiden, wenn man unter grundsätzlicher Beibehaltung des Ausgangspunktes auf den Rechtssatz zurück-

---

105 *Verdross*, Völkerrecht, 320; *Vogel*, Anwendungsbereich, 102 ff.; *Wengler*, Völkerrecht II, 936.

106 *Ross*, Völkerrecht, 165; *Wengler*, Völkerrecht II, 936.

107 *Ross*, Völkerrecht, 165; *Wengler*, Völkerrecht II, 939.

108 *Ross*, Völkerrecht, 165; *Wengler*, Völkerrecht II, 937 f., dort weitere Einzelheiten; ders., Nawiasky-Festschrift, 49/50.

109 Vgl. *Wengler*, Völkerrecht II, 940.

110 *Wengler*, Doppelbesteuerung, 14 ff., zeigt eindrucksvoll für das Steuerrecht die zahlreichen Möglichkeiten der Anknüpfung.

111 *Guggenheim*, Völkerrecht I, 332 sub b; *Ross*, Völkerrecht, 150, 151, der die „Lotus“-Entscheidung des Ständigen Internationalen Gerichtshofs zitiert; *Verdross*, Völkerrecht, 318 f.; *Dahm*, Völkerrecht I, 254, 256; *Schwarzenberger*, Manual, 65 sub (4); *Wengler*, Völkerrecht II, 943 f.

112 *Wengler*, Leibholz-Festschrift II, 940.

greift, daß die rechtsanwendenden Organe (Verwaltung und Gerichte) gehalten sind, die Normen der Rechtsordnung[113] anzuwenden, der sie selbst angehören[114, 115], d. h. die ihnen überhaupt erst die Organqualität verschafft hat.

Dieser Rechtssatz wird durch die Anwendung ausländischen Rechts im internationalen Kollisionsrecht nicht eingeschränkt oder gar widerlegt. Denn diese Anwendung hat — ganz gleich wie man den Vorgang der Verweisung auf ausländisches Recht erklärt[116] — auf jeden Fall ihre Grundlage in einer *innerstaatlichen*, gesetzten oder gewohnheitsrechtlichen, Verweisungsnorm.

In Befolgung von Geboten des „eigenen" Gesetzgebers zur Anwendung „eigenen" Rechts wendet ein Berliner Gericht in den Fällen doppelter Anknüpfung das in Berlin geltende, ein Gericht im Bundesgebiet das dort geltende Bundesgesetz an. Dies hat zur Konsequenz, daß das Bundesverfassungsgericht auf Vorlage eines Berliner Gerichts unzuständig, auf Vorlage eines Gerichts im Bundesgebiet zuständig ist.

Wegen der Abhängigkeit der Zuständigkeit des Bundesverfassungsgerichts vom vorgelegten Gesetz — Bundesrecht als solches oder in Berlin geltendes Bundesrecht — soll die eben entwickelte Theorie im folgenden als Akzessorietätsthorie bezeichnet werden, und zwar genauer als *materielle Akzessorietätstheorie* im Gegensatz zur noch zu behandelnden formellen Akzessorietätstheorie.

(c) Ein recht schwieriges Problem für die materielle Akzessorietätstheorie bleibt noch zu lösen. Die Übernahme des Bundesrechts in Berlin hat u. a. den Sinn, daß Entscheidungen Berliner Gerichte ohne weiteres als „inländische" Urteile auch im Bundesgebiet vollstreckbar sind. Durch die Vollstreckung wird dann in Rechtsgüter eingegriffen, die primär durch die Rechtsordnung des Bundes geschützt sind. Zur Rechtsordnung des Bundes gehört auch das Grundgesetz.

Es fragt sich nun, ob das Berliner Gericht, das die Verfassungsmäßigkeit einer von ihm anzuwendenden Norm bezweifelt, im Hinblick auf die mögliche Vollstreckung seiner Entscheidung in vom Grundgesetz ge-

---

[113] Zum Begriff der Rechtsordnung, wie er hier verstanden wird, vgl. *Wengler*, Festschrift für Laun, 1953, S. 719 ff.; ders., Völkerrecht I, 44 ff.

[114] Ebenso *Mosconi*, Annali di diritto internazionale 1960 I 426 (433): „Egli (scil. il giudice) è tenuto ad obbedire soltanto alle norme che vigono nel suo ordinamento ..."; Appellationsgericht Paris vom 24. 12. 1935, zitiert bei *Zajtay*, Stellung ausländischen Rechts, 9 zu und in Anm. 27.

[115] Für den hier interessierenden Fall einer *vorhandenen* „Binnenbeziehung" des Sachverhalts genügt diese Feststellung. Es bedarf in diesem Zusammenhang keines Eingehens auf die Frage, wie zu verfahren ist, wenn eine Binnenbeziehung fehlt.

[116] Hierzu vgl. u. a. *Ferid*, Dölle-Festschrift II, 129 f.; *Morelli*, Scritti in onore di Tomaso Perassi II, 1957, S. 171 ff.; *Niederer*, Einführung, 341; *Wengler*, Festschrift für Laun, 1953, S. 726 f.

schützte Rechtsgüter gehalten ist, das Bundesverfassungsgericht anzurufen. Diese Frage würde sich im Verhältnis von fremden Staaten zueinander nicht stellen, weil Gerichtsurteile des einen Staats wegen des Grundsatzes der Gebietshoheit nicht zu Eingriffen in Rechtsgüter ermächtigen, die von der anderen Rechtsordnung geschützt sind, und weil solche Eingriffsermächtigungen daher zuvor der „Anerkennung" des Staates bedürfen, in dem vollstreckt werden soll.

Aber auch im Verhältnis zwischen Berlin und der Bundesrepublik ist der Gedanke der „Anerkennung" verwendbar: Die Übernahme von Bundesprozeßrecht, das mit einer Berlin-Klausel versehen ist, bedeutet eine globale „Anerkennung" der Entscheidungen Berliner Gerichte für das Bundesgebiet.

Eine Vorlage des Berliner Gerichts scheitert zudem an der mangelnden Entscheidungsbefugnis des Bundesverfassungsgerichts, dem es ebenso wie dem Gesetzgeber untersagt ist, einem „fremden" Organ in bezug auf einen von diesem zu entscheidenden Sachverhalt Anweisungen zu geben[117,118].

(d) Einige Beispiele mögen die materielle Akzessorietätstheorie veranschaulichen.

(1) Begeht ein Berliner, d. h. ein Deutscher mit Wohnsitz in Berlin[119], dort ein Verkehrsdelikt und wird er deswegen vor ein Berliner Gericht gestellt, so erfolgt die Bestrafung nach dem Straßenverkehrsgesetz, einem vom Bund formulierten Gesetz. Eine Überprüfung der Strafnorm durch das Bundesverfassungsgericht ist nicht möglich, weil der Sachverhalt keinerlei Anknüpfungsmomente zum Bundesgebiet aufweist und das Berliner Gericht daher nicht Bundesrecht als solches, sondern *das in Berlin geltende* (Bundes-)Straßenverkehrsgesetz anwendet.

(2) Begeht ein Deutscher mit Wohnsitz im Bundesgebiet dasselbe Verkehrsdelikt in Berlin und wird er deswegen vor ein Berliner Gericht gestellt, so liegen sowohl Anknüpfungsmomente zum Bundesgebiet (Wohnsitz) als auch zu Berlin (Tatort) vor. Da das Rechtsanwendungsorgan die Normen *seiner* Rechtsordnung anwendet, ist auf die Tat das in Berlin geltende Straßenverkehrsgesetz anwendbar. Eine Überprüfung der Strafnorm durch das Bundesverfassungsgericht ist nicht zulässig.

(3) Begeht ein Berliner jenes Verkehrsdelikt im Bundesgebiet und wird das Strafverfahren vor einem Berliner Gericht anhängig gemacht (§§ 8, 12 I StPO), so ist aus denselben Gründen wie im Falle (2) zu entscheiden.

---

[117] Eine andere Frage, die aber gesonderter Erörterung bedarf, ist es, ob etwa gegen die Vollstreckungsmaßnahme im Bundesgebiet die Verfassungsbeschwerde zulässig ist.

[118] Vgl. BVerfGE 1, 10 (11); 6, 15 (18); 22, 91 (92); 22, 293 (295).

[119] Eine sinngemäße Anwendung des Prinzips der Gebietshoheit läßt das Anknüpfungsmoment der Staatsangehörigkeit untauglich erscheinen, weil sowohl Berliner als auch Bundesbürger in den meisten Fällen die deutsche Staatsangehörigkeit haben werden. Man wird infolgedessen ergänzend zur Staatsangehörigkeit den ersten Wohnsitz hinzusetzen müssen. Vgl. auch *Wengler*, Nawiasky-Festschrift, 58 und passim.

(4) Würde das Strafverfahren in den Fällen (2) und (3) vor einem Gericht im Bundesgebiet anhängig gemacht, so würde die im Fall (2) dargelegte Argumentation zur Anwendung von Bundesrecht als solchem und damit zur Zulässigkeit der Normenkontrolle durch das Bundesverfassungsgericht führen.

2. *Die Überprüfung von Berliner Landesrecht*

Für die materielle Akzessorietätstheorie stellt sich die *Überprüfung von Berliner Landesrecht* durch das Bundesverfassungsgericht im Verfahren nach Art. 100 I GG als unzulässig dar. Denn diese Normen werden in Ausübung der eigenen Gebietshoheit über Berlin vom Berliner Gesetzgeber erlassen. Der Berliner Gesetzgeber knüpft hierbei ebenso wie bei der Rezeption von Bundesrecht an Sachverhalte mit Berlin-Beziehung an. Sollte ein Sachverhalt, den der Berliner Gesetzgeber durch Erlaß von Landesrecht regelt, zugleich Beziehungen zum Bundesgebiet aufweisen, so ändert sich nichts daran, daß in jedem Fall Landesrecht anwendbar bleibt. Da die Zuständigkeit des Bundesverfassungsgerichts akzessorisch zum angewandten Gesetz ist, vermag der Umstand der doppelten Anknüpfung allein die Zuständigkeit des Gerichts nicht zu begründen.

3. *Kritik an der materiellen Akzessorietätstheorie*

Obwohl die materielle Akzessorietätstheorie praktikabel erscheint, lassen sich zwei Nachteile bei ihr nicht übersehen.

Einerseits muß sie mit der doppelten Unterstellung arbeiten, daß ein Gericht nur „gebietshoheitskonformes" Recht anwendet und jeder Gesetzgeber seine Legislativbefugnis „gebietshoheitskonform" ausübt. Diese Unterstellung mag für die Legislativ- und Rechtsanwendungsorgane des Bundes und Berlins in der Praxis zutreffen. Logisch zwingend ist sie nicht.

Andererseits nötigt die materielle Akzessorietätstheorie dazu, Bundesrecht als solches und das in Berlin geltende Bundesrecht als zwei getrennte Normenkomplexe zu betrachten. Dadurch wird der Sinn der Rezeption von Bundesrecht durch Berlin gefährdet[120], der darin gefunden wurde[121], das im Bundesgebiet und das in Berlin geltende Bundesrecht in der Weise als Einheit zu sehen, daß das Bundesgebiet und Berlin für den inländischen Bundesrechtsanwender als Inland gelten.

Diese Schwächemomente nötigen zwar noch nicht unbedingt zur Ablehnung der materiellen Akzessorietätstheorie, aber sie rechtfertigen das Suchen nach einer weiteren Lösungsmöglichkeit.

---

[120] Nicht notwendig beseitigt! Denn alle übrigen Normanwender unterliegen (de facto) keinen alliierten Zuständigkeitsbegrenzungen.

[121] Vgl. oben S. 25 Anm. 40.

II. Die formelle Akzessorietätstheorie

Das Kriterium der Gebietshoheit läßt auch noch andersartige Folgerungen für die Zuständigkeit des Bundesverfassungsgerichts zur Normenkontrolle nach Art. 100 I GG zu. Denn die Gebietshoheit hat auch Konsequenzen für das staatliche Organisationsrecht. Die Respektierung der Gebietshoheit eines fremden Staates verbietet es nämlich, Verhaltensnormen, insbesondere Zuständigkeitsnormen an Organe des fremden Staats[122] zu adressieren. Es stellt lediglich eine innerstaatliche Umkehrung dieses Satzes dar, wenn man sagt, daß sich die Verhaltensnormen nur an solche Organe richten, die der Rechtsordnung angehören[123], welche die Verhaltensnormen produziert hat.

Dieser Rechtssatz erscheint so selbstverständlich, daß er expressis verbis kaum formuliert wird[124]. Immerhin wird er befolgt, was folgendes Beispiel belegt.

Im internationalen Privatrecht wird die Frage diskutiert, ob und unter welchen Voraussetzungen es zulässig ist, eine ausländische Norm, auf die durch eine innerstaatliche Norm verwiesen wird, auf ihre Vereinbarkeit mit der Verfassung des Landes zu überprüfen, das die ausländische Norm produziert hat. Ist in dem fremden Staat das Normenkontrollverfahren so ausgestaltet, daß die Überprüfung nur von einem eigens hierzu bestimmten Organ (z. B. Verfassungsgerichtshof) ausgeführt werden kann, so ist es dem Gericht des Forumstaates ohne eine entsprechende Ermächtigung seiner Rechtsordnung sicher nicht gestattet, die ausländische Norm dem ausländischen Organ vorzulegen[125], noch wäre das ausländische Organ *allein* aufgrund einer Anordnung des

[122] Der Begriff des „fremden" oder des „eigenen" Organs kann verschieden definiert werden, je nachdem ob man es darauf abstellt, wer das Organ gebildet hat, oder darauf, für welche Rechtsordnung es funktioniert, oder darauf, daß *beide* Voraussetzungen vorliegen (vgl. *Wengler*, Festschrift für Laun, 1953, S. 739 f.).

[123] Ob ein Organ einer Rechtsordnung „angehört", ist nur eine andere Formulierung der Frage, wann ein Organ für eine Rechtsordnung ein „fremdes" oder ein „eigenes" ist; s. Anm. 122.

[124] *Maury*, Recueil des cours 1936 III, 395; *Morelli*, Scritti in onore di Tomaso Perassi II, 1957, S. 179 sub 6; *Mosconi*, Annali di diritto internazionale 1960 I 426 (433); *Quadri*, Lezione, 151.

[125] Die Frage nach der Zulässigkeit der Vorlage wird in der Literatur zum Teil — offenbar als von vornherein abwegig — nicht gestellt: *Batiffol*, Droit international privé, 379; *Carbone*, Rivista di diritto internazionale privato e processuale 1 (1965), 685 ff.; *Lipstein*, Transactions of the Grotius Society 35 (1950), 179 f.; *Maury*, Recueil des cours 1936 III, 394 ff.; *Niederer*, Einführung, 342 f.; *Tommasi di Vignano*, Lex fori, 109 ff.; *Vitta*, Nozioni, 123 f.; zum Teil wird sie ausdrücklich verneint: *Leisner*, BayVBl. 1957, 110; *Morelli*, Scritti in onore di Tomaso Perassi II, 1957, S. 179 sub 6; *Mosconi*, Annali di diritto internazionale 1960 I 426 (428 sub 3); *Neuhaus*, Grundbegriffe, 232; *Quadri*, Lezioni, 151; vereinzelt bejaht: *Neumayer*, RabelsZ 23 (1958), 596 f.; der aber die Vorlagepflicht auf das innerstaatliche Recht zurückführt.

Forumstaates des vorlegenden Gerichts zu einer Überprüfung in diesem Fall verpflichtet.

Auch die Aussetzung in Erwartung einer Entscheidung des ausländischen Organs ist ohne Ermächtigung im inländischen Recht unzulässig[126]. Zur Aussetzung bedarf es nämlich wie für jede Verfahrenshandlung einer Rechtsgrundlage. Ist eine solche Norm, die zur Aussetzung ermächtigt, nur im ausländischen Recht zu finden, so richtet sie sich nur an „ihre" ausländischen Organe, nicht aber an das inländische Gericht[127].

Für die Normenkontrollbefugnis des Bundesverfassungsgerichts folgt hieraus: Soll ein Berliner Gericht ein Gesetz dem Bundesverfassungsgericht vorlegen dürfen, so muß hierzu eine Norm der Berliner Rechtsordnung ermächtigen. In Betracht kommt zunächst das Bundesverfassungsgerichtsgesetz. Da dieses aber nicht von Berlin übernommen worden ist, kann es keinesfalls Bestandteil der Berliner Rechtsordnung sein.

Eine direkte Anwendung des Art. 100 I GG ist ebenfalls nicht möglich. Denn das Grundgesetz als solches ist eine für Berlin „fremde" Rechtsordnung, deren Verhaltensnormen sich nicht an Berliner Organe richten dürfen. Aber auch als eine gemäß Art. 87 III 1 BV von der Berliner Rechtsordnung rezipierte Norm begründet Art. 100 I GG keine Vorlagepflicht für die Berliner Gerichte, weil das rezipierte Grundgesetz insoweit denselben Vorbehalten der Alliierten unterliegt wie das im Bundesgebiet geltende Grundgesetz[128].

Infolgedessen besteht keine Vorlagepflicht der Berliner Gerichte. Auch eine Aussetzung, soweit sie auf die vorbezeichneten Vorschriften (BVerfGG, GG) gestützt werden könnte, ist nicht zulässig.

Da die Zuständigkeit des Bundesverfassungsgerichts davon abhängt, ob die Vorschriften, die die Vorlage anordnen, für das jeweilig mit der Sache befaßte Gericht verbindlich sind, soll diese Theorie als *formelle Akzessorietätstheorie* bezeichnet werden. Sie unterscheidet sich von der materiellen Akzessorietätstheorie dadurch, daß die Qualität des zu überprüfenden Rechts für sie ohne Belang ist. Entscheidend ist allein, daß ein Berliner Gericht mit der Sache befaßt ist.

Zur Überprüfung, ob die formelle und die materielle Akzessorietätstheorie in den Ergebnissen übereinstimmen, mögen die oben S. 82 gebildeten Beispiele dienen.

(1) In den Fällen (1), (2) und (3) ist jeweils ein Berliner Gericht mit der Sache befaßt. Mangels einer zur Berliner Rechtsordnung gehörenden Norm,

---

126 Für Aussetzung sind *Miele*, Diritto, 65; *Neumayer*, RabelsZ 23 (1958), 591; de *Nova*, Foro padano 10 (1955) IV, 4, die aber offenbar die Aussetzungsbefugnis auf das innerstaatliche Recht zurückführen.

127 *Morelli*, a. a. O.

128 Vgl. oben S. 49. Hinsichtlich der Anerkennung des richterlichen Prüfungsrechts durch Art. 100 I GG sind die alliierten Vorbehalte aber nicht identisch, vgl. oben S. 56 ff.

die die Vorlage gebietet, ist die Vorlage zum Bundesverfassungsgericht unzulässig. Dieses darf nicht entscheiden[129].

(2) Im Falle (4) ist das Gericht im Bundesgebiet als Adressat des Art. 100 I GG und des § 80 I BVerfGG zur Vorlage verpflichtet. Das Bundesverfassungsgericht kann entscheiden.

Man kann demnach feststellen, daß die formelle und die materielle Akzessorietätstheorie in den Beispielsfällen zu den denselben Ergebnissen gelangen. Ob sich diese Übereinstimmung auch in komplizierter gelagerten Fällen findet, wird sich im folgenden zeigen.

III. Die Einschaltung von Bundesorganen

Auf Grund alliierter Duldung haben Organe des Bundes nicht nur in Berlin ihren Sitz, sondern sie erlassen auch mit Wirkung für Berlin Hoheitsakte. Soll festgestellt werden, wann in diesen Fällen eine Normenkontrolle des Bundesverfassungsgerichts nach Art. 100 I GG zulässig ist, so kommt es für die materielle Akzessorietätstheorie auch hier darauf an, ob die betreffenden Bundesorgane Bundesrecht als solches, in Berlin geltendes Bundesrecht oder Berliner Landesrecht anwenden, während für die formelle Akzessorietätstheorie darauf abzustellen ist, ob und in welchem Fall die Bundesorgane, denen sich die Frage der Vorlagepflicht stellt, die Antwort den Verfahrensnormen der Berliner Rechtsordnung entnehmen müssen.

1. Die Ergebnisse nach der formellen Akzessorietätstheorie

(a) Ein Bundesorgan hat nur dann Art. 100 I GG und § 80 I BVerfGG nicht anzuwenden, wenn es nicht zur Rechtsordnung der Bundesrepublik gehört[130]. Denn in diesem Fall unterliegt es diesen Vorschriften ebensowenig wie ein Berliner Organ.

Man könnte von einer Nichtzugehörigkeit des Bundesorgans zur Rechtsordnung der Bundesrepublik sprechen, wenn und soweit es für die Berliner Rechtsordnung fungiert. Funktionen für die Berliner Rechtsordnung werden in den Fällen ausgeübt, in denen die betreffende Tätigkeit ausschließlich dem Träger der Berliner Gebietshoheit vorbehalten ist, z. B. wenn ein Bundesgericht als Revisionsgericht über einem Berliner Gericht entscheidet[131], weil die Kontrolle von Entscheidungen

---

[129] Wenn das Berliner Gericht dennoch vorlegt, so müßte sich das Bundesverfassungsgericht für unzuständig erklären, weil es ebensowenig wie der Gesetzgeber befugt ist, einem „fremden" Organ Anweisungen zu geben, wie eine Frage zu entscheiden ist, vgl. oben S. 82 Anm. 118.

[130] Über die Vieldeutigkeit des Begriffs „Zugehörigkeit" zu einer Rechtsordnung vgl. oben S. 84 Anm. 122 und 123.

[131] Das Berliner Gericht darf aber seinerseits nicht gerade für die Bundesrechtsordnung tätig gewesen sein; darüber s. u. S. 88.

der Berliner Gerichte ausschließlich Sache Berlins ist. Ob das Tätigwerden eines von einer bestimmten Rechtsordnung gebildeten Organs für eine andere Rechtsordnung genügt, um der anderen Rechtsordnung die Befugnis zuzugestehen, Verfahrensvorschriften an das „geliehene" Organ zu richten, kann hier offenbleiben. Weitaus wichtiger ist die Feststellung, daß Einrichtung und Funktion des für die Berliner Rechtsordnung tätigen Bundesorgans auf dem in Berlin geltenden Bundesrecht beruhen[132], wie *Wengler*[133] aufgezeigt hat: damit wird es zugleich zum Organ der Berliner Rechtsordnung[134]. Dies rechtfertigt seine Unterwerfung unter die Verfahrensnormen der Berliner Rechtsordnung und den Ausschluß der Verfahrensnormen des Bundes, soweit das Bundesorgan für die Berliner Rechtsordnung tätig wird. Infolgedessen ist in diesem Fall eine Vorlage zum Bundesverfassungsgericht mangels einer dem Art. 100 I GG und dem § 80 I BVerfGG entsprechenden Norm der Berliner Rechtsordnung unzulässig[135].

Unzutreffend wäre es, wenn man der alliierten Erlaubnis, daß Bundesgerichte mit Wirkung für Berlin judizieren dürfen, mit der Begründung, daß durch die Einräumung der Zuständigkeit auch das für das Gericht geltende Prozeßrecht rezipiert sei[136], generell entnähme, Art. 100 I GG sei für das betreffende Gericht anwendbar, und daher könne es einen für verfassungswidrig erachteten Bundesrechtssatz dem Bundesverfassungsgericht zur Normenkontrolle vorlegen. Aus der alliierten Billigung, daß Bundesgerichte für die Berliner Rechtsordnung tätig werden, folgt noch keine alliierte Zulassung der Zuständigkeit des Bundesverfassungsgerichts[137]. Dies hat die Alliierte Kom-

---

[132] Aus diesem Grund handelt es sich nicht um einen Fall der sog. Organleihe (zu diesem Begriff vgl. *Benner*, Zuständigkeitsverteilung, 57 f.; *Nawiasky*, Bundesstaat, 64; Hans J. *Wolff*, Arnold-Festschrift, 296 sub 2; ders., Verwaltungsrecht II, § 75 I a 1 [S. 57], § 77 IV c [S. 106]; als Beispiel aus der Rechtsprechung: BayVfGH (n. F.) 16 II 32 [39]), weil bei dieser nur ein Funktionieren in einem anderen Zuständigkeitsbereich vorliegt, ohne daß das Organ durch Normen aus diesem Zuständigkeitsbereich gebildet worden ist. Im Fall des für Berlin funktionierenden Bundesorgans kann man — wenn man so will — von einem doppelt gebildeten Organ sprechen. Allerdings erscheint der von *Wengler* gebrauchte Begriff der „Organunion" treffender.

[133] Leibholz-Festschrift II, 952 ff.

[134] Ablehnend *Lerche*, Leibholz-Festschrift II, 469.

Auch aus Art. 99 GG lassen sich keine Gegenargumente gewinnen. Dort wird von der h. L. (vgl. *Stern*, BGG, Art. 99 Rdnr. 39 m. w. Nachw.) für den Fall der Organleihe des Bundesverfassungsgerichts durch ein Land die Ansicht vertreten, daß das Bundesverfassungsgericht Organ des Bundes bleibe, das lediglich für ein Land tätig werde. Ob diese Auffassung insbesondere wegen des sich in einem Bundesstaat abspielenden Vorgangs zutrifft, kann dahinstehen. Auf jeden Fall wird durch Art. 99 GG nur eine Organleihe, aber keine Organunion ermöglicht.

[135] Abweichend BVerwG DVBl. 1964, 753 (754 sub 3), mit zustimmender Anmerkung von *Böhm*, a. a. O., 755; ferner *Finkelnburg*, JuS 1968, 13; *Sendler*, NJW 1966, 1756.

[136] So wohl das Abgeordnetenhaus von Berlin, mitgeteilt bei BVerfGE 19. 377 (382 sub 3).

[137] A. A. BVerfGE 19, 377 (387), wo das Schweigen der Alliierten, indem das Gericht ihnen eine Erklärungslast auferlegt, allzu beredt gedeutet wird. Weit-

mandantur mit ihrer BK/L (67) 10 vom 24. Mai 1967[138] hinreichend deutlich unterstrichen.

Ebenso unrichtig ist die Annahme, daß bei der Entscheidung des Bundesverfassungsgerichts auf Vorlage eines Bundesgerichts nur eine Kontrolle von Bundesgewalt durch Bundesgewalt stattfinde[139], infolgedessen die Gebietshoheit über Berlin nicht berührt werde und daher die Kompetenz des Bundesverfassungsgerichts zu bejahen sei. Indes wird Bundesgewalt durch Bundesgewalt nur dann kontrolliert, wenn das kontrollierte Gericht Organ der Bundesrechtsordnung ist.

(b) Die Tatsache, daß Bundesorgane in Berlin ihren Sitz haben, hat die Tätigkeit von Berliner Organen für die Rechtsordnung der Bundesrepublik mit sich gebracht: z. B. ist gegen Verwaltungsakte von in Berlin residierenden Bundesbehörden auf Grund des § 52 Nr. 2 VwGO[140] das Verwaltungsgericht Berlin zuständig. Insoweit ein Organ der Berliner Rechtsordnung für die Rechtsordnung der Bundesrepublik fungiert, ist es zugleich Organ der Bundesrechtsordnung und unterliegt daher den Verhaltensnormen des Bundes ebenso, wie das für die Berliner Rechtsordnung tätige Bundesorgan den Verhaltensnormen der Berliner Rechtsordnung unterworfen ist. Die formelle Akzessorietätstheorie führt demnach zum Ergebnis der Vorlagepflicht für das Berliner Gericht[141].

---

aus zurückhaltender stand BVerfGE 7, 1 (16) dem Schweigen der Alliierten gegenüber. Auch der Hinweis von BVerfGE 19, 387 auf Nr. 4 a der insoweit nicht veröffentlichten BK/O (51) 10 vom 30. 1. 1951 vermag nicht zu überzeugen. Obwohl die Alliierte Kommandantur dem Rechtsvereinheitlichungsgesetz vom 9. 1. 1951 (VOBl. I S. 99) unter dem Gesichtspunkt der Rechtsvereinheitlichung positiv gegenüberstand, sah sich dieselbe Alliierte Kommandantur nicht gehindert, die Übernahme des Bundesverfassungsgerichtsgesetzes nach Berlin zu verbieten (vgl. oben S. 61).

[138] NJW 1967, 1743.

[139] Entsprechend argumentiert BVerfGE 19, 377 (389) bei der Zulassung einer Verfassungsbeschwerde, die sich gegen das Urteil eines für die Berliner Rechtsordnung tätigen Bundesgerichts richtet.

In diesem Fall wird — auch bei Beschränkung der Prüfung auf Grundrechtsverstöße — über den Bestand der Entscheidung des Bundesgerichts entschieden, mit anderen Worten darüber, ob der Bürger, dessen Prozeß vom oberen Bundesgericht rechtskräftig entschieden ist, dieses Urteil als endgültig betrachten darf. Die Entscheidung über die Verfassungsbeschwerde durch das Bundesverfassungsgericht ist also ein Hoheitsakt gegenüber einer Person auf dem Gebiet Berlins (vgl. S. 77), d. h. ein besonders klarer Fall des Eingriffs in die Gebietshoheit Berlins. Dieser Aspekt wird von BVerfGE 19, 377 (386 f.) außer Betracht gelassen. Ähnlich wie hier *Schmidt-Bleibtreu*, NJW 1966, 1099 (1101).

[140] Die Verwaltungsgerichtsordnung wurde durch Gesetz vom 4. 3. 1960 (GVBl. S. 207) in Berlin rezipiert und dadurch nicht nur die Zuständigkeit des Bundesverwaltungsgerichts für Berlin bekräftigt, sondern auch die im Text erwähnte Kompetenz des VG Berlin begründet.

[141] A. A. wohl die Alliierte Kommandantur in der BK/L (67) 10 vom 24. Mai 1967 (NJW 1967, 1743), wenn sie das Bundesverfassungsgericht generell für unzuständig hält, „die Verfassungsmäßigkeit von Handlungen Berliner Behörden ... zu überprüfen".

(c) Die Tätigkeit Berliner Organe für die Rechtsordnung der Bundesrepublik ist gegenüber den alliierten Vorbehalten ebenso unbedenklich wie die Tätigkeit von Bundesorganen für die Berliner Rechtsordnung[142]. Die Alliierten wollten in erster Linie die unmittelbare Ausübung von Bundesgewalt in Berlin ausschließen, nicht aber die Ausübung von Landesgewalt mit Wirkung für das Bundesgebiet. Selbst wenn man im Hinblick auf die dem Grundsatz der Gebietshoheit folgende Beschränkung der deutschen Teilstaatsgewalten den Inhalt der alliierten Vorbehalte weiter faßt, ist die Tätigkeit von Berliner Organen für die Rechtsordnung der Bundesrepublik zulässig. Unter dem Aspekt der Gebietshoheit, einem völkerrechtlichen Begriff, lassen sich die für die Rechtsordnung des Bundes fungierenden Berliner Gerichte insoweit zugleich als Organe der Bundesrepublik verstehen, die damit nicht Landesgewalt, sondern Bundesgewalt ausüben. Zwar bleiben in einem Bundesstaat wie der Bundesrepublik die Landesorgane, die für die Bundesrechtsordnung tätig sind, Landesorgane, und sie üben Landesgewalt aus. Aber dieses Ergebnis beruht auf rein staatsrechtlichen Kategorien, während die Kompetenzabgrenzung zwischen Berlin und der Bundesrepublik mit Hilfe des völkerrechtlichen Begriffs der Gebietshoheit erfolgt. Für diesen Begriff ist die Ausübung von Staatsgewalt in einem fremden Territorium mit Wirkung für die fremde Rechtsordnung nur als Organunion erklärbar, d. h. das für die fremde Rechtsordnung fungierende Organ muß insoweit als Organ dieser Rechtsordnung angesehen werden. Diese Konstruktion erklärt auch, warum die Verbindlichkeit der Entscheidungen des Bundesverfassungsgerichts auf Vorlage eines für die Rechtsordnung der Bundesrepublik tätigen Berliner Gerichts die alliierten Vorbehalte nicht verletzt. Es handelt sich hier, um mit den Worten des Bundesverfassungsgerichts zu sprechen, um die „Ausübung von Bundesgewalt im Verhältnis von Bundesorganen"[143].

2. *Die Ergebnisse nach der materiellen Akzessorietätstheorie*

Hat ein Bundesorgan einen Hoheitsakt erlassen, so ist für die *materielle Akzessorietätstheorie* nur der Fall problematisch, daß der Sachverhalt eine doppelte Anknüpfung zum Berliner Gebiet und zum Bun-

---

[142] Vgl. hierzu *Wengler*, Leibholz-Festschrift II, 952 ff.

[143] BVerfGE 19, 377 (386). Das Gericht hat es aber in dem von ihm entschiedenen Fall abgelehnt, den Bundesgerichtshof als ein für die Berliner Rechtsordnung tätiges Organ zu betrachten, das — in der Terminologie des Bundesverfassungsgerichts — keine „Bundesgewalt" ausübt; vgl. BVerfGE, a. a. O. Demgegenüber wirkt es widersprüchlich, wenn das Gericht in seinen späteren Kartellentscheidungen die Tätigkeit des Kammergerichts der Sache nach als Organleihe qualifiziert (BVerfGE 20, 257 [267]). Mit derselben Berechtigung hätte auch die Tätigkeit von Bundesorganen für Berlin als Organleihe konstruiert und hieraus die für die Tätigkeit des Kammergerichts gezogenen Konsequenzen entsprechend gezogen werden müssen.

desgebiet aufweist und auf ihn vom Bund formuliertes Recht anwendbar ist. In allen anderen Fällen läßt sich eindeutig auf Grund des Sachverhalts ermitteln, ob Bundesrecht als solches oder in Berlin geltendes Bundesrecht anzuwenden ist. Je nachdem ist das Bundesverfassungsgericht zuständig oder nicht.

Bei doppelter Anknüpfung und Regelung des Sachverhalts durch vom Bund formuliertes Recht könnte man in Befolgung des oben S. 81 entwickelten Gebotes der Anwendung „eigenen“ Rechts meinen, daß das Bundesorgan immer Bundesrecht als solches anwendet[144]. Dies setzt allerdings voraus, daß das Bundesorgan immer der Rechtsordnung der Bundesrepublik angehört. Es wurde aber bereits gezeigt, daß es Fälle gibt, in denen das Bundesorgan als Organ der Berliner Rechtsordnung tätig ist, wie umgekehrt Berliner Organe als Organe der Rechtsordnung der Bundesrepublik wirken. In diesen Fällen der Tätigkeit für eine „fremde“ Rechtsordnung wendet das Organ jeweils die „fremde“ Rechtsordnung an. Als Organ, das für die Berliner Rechtsordnung tätig ist, wendet ein Bundesorgan das in Berlin geltende Bundesrecht an, wie umgekehrt das für die Rechtsordnung der Bundesrepublik tätige Berliner Organ Bundesrecht als solches befolgt. Das Bundesverfassungsgericht darf demnach immer dann entscheiden, wenn infolge einer Tätigkeit für die Rechtsordnung der Bundesrepublik Bundesrecht als solches angewandt wurde.

3. Beispiele

Einige Beispiele sollen die Konsequenzen beider Theorien näher erläutern und der Feststellung dienen, ob sie zu übereinstimmenden Ergebnissen führen.

(1) Erläßt eine in Berlin residierende Bundesbehörde einen Verwaltungsakt gegen einen Bürger mit Wohnsitz im Bundesgebiet über einen Tatbestand im Bundesgebiet und ruft der Betroffene hiergegen das gem. § 52 Nr. 2 VwGO zuständige Verwaltungsgericht Berlin an, so wird das Berliner Gericht als Organ der Bundesrepublik tätig. Infolgedessen legt es seiner Beurteilung Bundesrecht als solches zugrunde und befolgt für das Verfahren die Verhaltensnormen der Bundesrepublik. Nach beiden Theorien ist daher eine Normenkontrolle durch das Bundesverfassungsgericht nach Art. 100 I GG zulässig[145].

(2) Erläßt dieselbe Bundesbehörde einen entsprechenden Verwaltungsakt gegen einen Bürger mit ausschließlichem Wohnsitz in Berlin über einen Tatbestand in Berlin, so handelt sie insoweit als Organ der Berliner Rechtsordnung und wendet daher in Berlin geltendes Bundesrecht an. Das nunmehr

[144] Darüber, daß ein in Berlin residierendes Bundesorgan Adressat von Bundesrecht als solchem sein kann, ohne daß dieses Recht nach Berlin transformiert zu werden braucht, vgl. *Wengler*, Leibholz-Festschrift II, 955 Anm. 34.

[145] Ebenso im Ergebnis *Lerche*, Leibholz-Festschrift II, 477 sub 1, und offenbar BVerfGE 20, 257 (267); 20, 271 (275), mit zustimmender Anmerkung von *Schmidt-Bleibtreu*, NJW 1967, 763.

angerufene Verwaltungsgericht Berlin kontrolliert demzufolge einen Akt der Berliner Rechtsordnung und handelt damit für die Rechtsordnung Berlins. Es legt seiner Entscheidung das in Berlin geltende Bundesrecht zugrunde und befolgt die Verhaltensnormen Berlins. Nach beiden Theorien ist das Bundesverfassungsgericht zur Normenkontrolle nach Art. 100 I GG unzuständig.

(3) Hat ein Berliner Bürger im Falle (2) einen weiteren Wohnsitz in der Bundesrepublik, so rechtfertigt die doppelte Verknüpfung die Anwendung von Bundesrecht als solchem durch die Bundesbehörde, die für die Rechtsordnung der Bundesrepublik tätig wird. Damit gleicht die Rechtslage der des Falles (1). Denn das Verwaltungsgericht Berlin wird, indem es den Verwaltungsakt eines Bundesorgans kontrolliert, als Organ der Bundesrepublik tätig.

(4) Wie im Falle (3) und damit im Ergebnis wie im Falle (1) ist zu entscheiden, wenn ein Berliner und ein Bundesbürger eine unzulässige Kartellabrede treffen und hierauf das Bundeskartellamt gegen sie eine Geldbuße gem. § 81 I 1 GWB festsetzt. Auf Grund der doppelten Sachverhaltsverknüpfung wird das Bundeskartellamt als Organ der Bundesrepublik tätig.

(5) Wird der Bundesgerichtshof mit der Rechtsbeschwerde des § 83 S. 1 GWB gegen einen Beschluß des Kammergerichts in einer Bußgeldsache angerufen, so wird er als Organ der Berliner Rechtsordnung nur dann tätig, wenn der Sachverhalt alle wesentlichen Verknüpfungen zu Berlin aufweist. Als Organ der Berliner Rechtsordnung wendet der Bundesgerichtshof das in Berlin geltende Bundesrecht an und folgt auch nur den Verhaltensnormen der Berliner Rechtsordnung. Das Bundesverfassungsgericht ist in diesem Fall nach beiden Theorien zur Normenkontrolle nach Art. 100 I GG nicht befugt[146].

(6) Begehrt ein Bürger, der seinen Wohnsitz in Berlin hat und als Beamter beim Bundeskartellamt beschäftigt ist, Rechtsschutz gegen eine Maßnahme seines Dienstherrn, so kann hierfür wiederum das Verwaltungsgericht Berlin gem. § 52 Nr. 4 VwGO zuständig sein. Das Dienstverhältnis zur Bundesrepublik stellt eine Verknüpfung zum Bundesgebiet her[147], der Wohnsitz eine Verbindung zu Berlin. Damit liegt der Sachverhalt ebenso wie im Falle (3) und ist entsprechend zu entscheiden.

(7) Es sind auch Fälle denkbar, in denen das Berliner Gericht *zugleich* als Organ der Berliner Rechtsordnung und der Rechtsordnung der Bundesrepublik tätig wird: Ein Ausländer mit Wohnsitz in Berlin, der mit einer Deutschen verheiratet ist, beantragt bei der zuständigen Berliner Behörde die Verleihung der deutschen Staatsangehörigkeit mit der Begründung, er müsse ebenso behandelt werden wie eine Ausländerin, die einen Deutschen geheiratet hat. Gemäß § 6 des Reichs- und Staatsangehörigkeitsgesetzes in der Fassung des Gesetzes vom 19. August 1957 (BGBl. I S. 1251/GVBl. 1125) besteht nämlich für eine Ausländerin, die einen Deutschen heiratet, ein Rechtsanspruch auf Einbürgerung[148]. Die Wirkung der Einbürgerung für die Bundesrepublik beruht allein auf Bundesrecht als solchem, die Wirkung für Berlin auf dem in Berlin geltenden Bundesrecht; denn die Verleihung der Staatsangehörigkeit gehört in die ausschließliche Zuständigkeit der Rechtsordnung, für die sie gelten soll. Wird das Berliner Gericht aber als Organ für zwei Rechtsordnungen zugleich tätig, so legt es seiner Entscheidung zugleich das Bundesrecht als solches *und* das in Berlin geltende Bundesrecht zugrunde, und

---

146 Vgl. oben S. 87 Anm. 135.

147 Vgl. oben S. 80.

148 Der Sachverhalt ist der Entscheidung des OVG Berlin JZ 1967, 751 mit Anm. von *Wengler* nachgebildet.

es folgt zugleich den Verhaltensnormen der Bundesrepublik und Berlins. Da auch die Wirkung der Entscheidung des Berliner Gerichts eine doppelte ist, läßt sich das Verfahren sehr wohl trennen: Soweit die Entscheidung Wirkungen für die Bundesrepublik entfalten soll, ist eine Vorlage an das Bundesverfassungsgericht zulässig — soweit sich die Entscheidungswirkungen auf Berlin erstrecken, hingegen nicht. Es ist daher theoretisch möglich, daß die für die Einbürgerung zuständige Behörde durch das Berliner Gericht zur Einbürgerung mit Wirkungen nur für die Bundesrepublik oder nur für Berlin verpflichtet wird, wenn nämlich das Berliner Gericht mit der Entscheidung des Bundesverfassungsgerichts im Vorlageverfahren nicht übereinstimmt und ihr nur folgen muß, soweit es als Organ der Bundesrepublik handelt.

IV. Zur Handhabung der materiellen und der formellen Akzessorietätstheorie

Es hat sich gezeigt, daß die materielle und die formelle Akzessorietätstheorie in allen Fällen zu übereinstimmenden Ergebnissen führen. Dies schließt es aus, eine der beiden Theorien als unbrauchbar abzulehnen. Freilich macht die formelle Akzessorietätstheorie in der praktischen Handhabung weniger Schwierigkeiten. Für die Praxis empfiehlt es sich daher, bei der Prüfung mit der formellen Akzessorietätstheorie zu beginnen und das erzielte Ergebnis mit Hilfe der materiellen Akzessorietätstheorie zu kontrollieren.

§ 18 Bemerkungen zu einem verfassungsprozessualen Begriff der „Berliner Sache“

Lerche[149] hat im Gegensatz zu der hier festgelegten Definition[150] den Begriff der „Berliner Sache“ als „Ausgangsbegriff“ dazu verwandt, um die Fälle zu beschreiben, in denen das Bundesverfassungsgericht für die Normenkontrolle nach Art. 100 I GG unzuständig ist. Dieser „konturreine“ Ausgangsbegriff soll aber „aus besonderen Gründen“ einer Zuständigkeit des Bundesverfassungsgerichts nicht entgegenstehen.

Die Begründung eines solchen Regel-Ausnahme-Verhältnisses hat aber nur Sinn, wenn der den Regelfall bildende Ausgangsbegriff wirklich ein griffiges Erkenntnismittel darstellt und die Ausnahmefälle nicht die Regel überwuchern. Hieran muß ernsthaft gezweifelt werden.

Das von *Lerche* verwandte Kriterium für den Ausgangsbegriff, nämlich das „in Berlin bestehende Rechtsverhältnis“[151], wird von ihm selbst nicht durchgehalten. Wenig später spricht er bereits von der „im Territorium Berlin herrschende(n) (Rechts-)Ordnung“[152]. *Lerche* läßt offen,

[149] Leibholz-Festschrift II, 465 ff.
[150] Vgl. oben S. 2 sub (2).
[151] a. a. O., 476.
[152] a. a. O.

wann ein Rechtsverhältnis in Berlin besteht bzw. welche Normen zur Berliner Rechtsordnung gehören. Die von ihm gebildeten Beispielfälle[153] täuschen über die Komplexität des Verhältnisses zwischen Berlin und der Bundesrepublik hinweg[154]. Bezeichnenderweise müssen die „besonderen Gründe" herhalten, um für *Lerche* akzeptable Ergebnisse zu erzielen. Damit ist ein Einfallstor für nicht im voraus berechenbares case law geschaffen und das von *Lerche* mit Hilfe des Ausgangsbegriffs angestrebte Ziel der „Rechtssicherheit und Rechtsklarheit" in weite Ferne gerückt.

Aus *Lerches* Beispielsfällen kann man entnehmen, daß ihm eine ähnliche Abgrenzung vorschwebt, wie sie die materielle Akzessorietätstheorie mit Hilfe der Sachverhaltsverknüpfung trifft. Der Umstand, daß die materielle Akzessorietätstheorie in den Fällen doppelter Verknüpfung auf das Gebot der Anwendung „eigenen" Rechts zurückgreifen muß, beweist nur zu deutlich die Unbrauchbarkeit des von *Lerche* geprägten Begriffs der „Berliner Sache"[155].

Es bleibt aber das Verdienst *Lerches,* die Aufmerksamkeit darauf gelenkt zu haben, daß der government-Vorbehalt zwei Tatbestandselemente hat, nämlich „Berlin" und „govern".

§ 19 Die Auswirkungen der Tätigkeit des Bundesverfassungsgerichts auf Berlin

Die materielle und die formelle Akzessorietätstheorie sind auch heranzuziehen, wenn die Frage nach den Wirkungen einer Normenkontrollentscheidung des Bundesverfassungsgerichts in Berlin zu beantworten ist.

I. Entscheidung nach zulässiger Vorlage

Hat das Bundesverfassungsgericht auf Vorlage eines hierzu befugten Gerichts entschieden, so bestimmen sich die Wirkungen seiner Entscheidungen nach §§ 31, 79 BVerfGG. Für die materielle Akzessorietätstheorie beziehen sich diese Wirkungen nur auf Bundesrecht als solches, nicht aber soweit es speziell in Berlin gilt.

Die formelle Akzessorietätstheorie muß nach dem Adressatenkreis der §§ 31, 79 BVerfGG fragen. Mangels Übernahme des Bundesverfassungsgerichtsgesetzes in Berlin kann kein Organ, das für die Berliner

---

[153] a. a. O., 468, 471, vor allem 477.

[154] Wie würde *Lerche* beispielsweise den oben S. 91 behandelten Fall (4) einordnen?

[155] A. A. *Finkelnburg,* JuS 1968, 13: „klare Abgrenzung".

Rechtsordnung tätig ist, Adressat der Bindungswirkung des § 31 I BVerfGG sein[156]. Mangels Übernahme sind auch die Wirkungen des § 31 II BVerfGG für ein Organ der Berliner Rechtsordnung unbeachtlich. Ein Berliner Organ kann nicht zur Wiederaufnahme nach § 79 I BVerfGG veranlaßt werden; das Vollstreckungsverfahren ist von Berliner Organen unbeeinflußt von § 79 II durchzuführen.

Unabhängig von den Folgen der Nichtgeltung des Bundesverfassungsgerichtsgesetzes in Berlin könnte eine zulässigerweise ergangene Normenkontrollentscheidung vielleicht mittelbar auch für Berlin rechtsrelevant werden. Der Senat von Berlin hat die Auffassung vertreten[157], der Spruch des Bundesverfassungsgerichts stelle klar, daß der Berliner Gesetzgeber ein „Nullum" übernommen habe, als er das Bundesgesetz durch Mantelgesetz rezipierte. Nach Ansicht des Senats ist „eine besondere Beseitigung der für nichtig erklärten Norm mit Wirkung auch für das Land Berlin ... nicht erforderlich, weil nichts mehr vorhanden ist, was noch in Fortfall gebracht werden könnte".

Diese Ansicht verwechselt aber den Nichtakt mit dem nichtigen Akt — die Nichtexistenz mit der Nichtigkeit. Berlin rezipiert möglicherweise ein nichtiges Bundesgesetz, nicht hingegen ein Nicht-Bundesgesetz.

Hiervon abgesehen, geht die These des Senats von der unrichtigen Prämisse aus, daß der Spruch des Bundesverfassungsgerichts konstitutive Wirkung habe: Mit dem Spruch des Bundesverfassungsgerichts — so wird nämlich argumentiert — werde dem Berliner Mantelgesetz das Substrat entzogen[158]. Das aber ist unzutreffend; denn selbst in dem Fall, daß das Bundesverfassungsgericht entgegen der materiellen Rechtslage judiziert, entfällt die Wirksamkeit des Gesetzes nicht etwa, weil das Bundesverfassungsgericht das Gesetz „aufhebt", sondern weil die Feststellungsentscheidung des Gerichts *verbindlich* ist. Erfaßt diese Verbindlichkeit aber gerade *nicht* das in Berlin geltende Bundesrecht bzw. die Berliner Organe, so verbleibt es dabei, daß „das Substrat dem Mantelgesetz" nur dann „entzogen" wird, wenn das rezipierte Bundesgesetz von höherrangigem Recht „gebrochen" wird. Ob *diese* Rechtslage

---

[156] A. A. BVerfGE 19, 377 (392); BGH NJW 1964, 203; BVerwGE 25, 128. Vgl. auch BVerwG NJW 1954, 1093 (1094), das die Verbindlichkeit der Entscheidung des Bundesverfassungsgerichts über die Vereinbarkeit eines Bundesgesetzes mit einem Grundrecht aus der Geltung dieses Grundrechts in Berlin ableitet. Insoweit argumentiert das Bundesverwaltungsgericht wie *Rudolph*, DVBl. 1964, 251 (253).

Wie hier *Wengler*, Leibholz-Festschrift II, 959; KG NJW 1961, 2114 (2116).

[157] Vgl. die vom BFH BStBl. 1963 III S. 189 (190) wiedergegebene Stellungnahme des Senators für Finanzen; *Finkelnburg*, JuS 1968, 12.

[158] So neuerdings auch BVerfGE 19, 377 (389) unter Berufung auf die „allgemeine Auffassung".

gegeben ist, hängt allerdings nicht vom Spruch des Bundesverfassungsgerichts ab. Dieser Spruch stellt nur eine unverbindliche — freilich bedeutsame — Rechtsansicht dar.

Etwas anderes ist es, wenn der Bundesfinanzhof die Auffassung des Berliner Senats dahin korrigiert, „daß in den Fällen der vorliegenden Art der Gesetzgeber für Berlin das Gesetz nur in der Fassung übernehmen will, wie es in der Bundesrepublik rechtlich wirksam ist“[159]. Nach dieser Ansicht würde die Berliner Nichtigkeit eines Gesetzes nicht auf dem Spruch des Bundesverfassungsgerichts beruhen, sondern auf der bedingten Übernahme durch den Berliner Gesetzgeber. Jedoch besteht gegen diese Konstruktion das Bedenken, daß angesichts der detaillierten Einflußnahme der Alliierten auf die Übernahmetechnik[160] ein solcher Übernahmevorbehalt, wäre er tatsächlich erhoben worden, von deutscher und alliierter Seite diskutiert worden wäre und sich in irgendeiner Weise in der Entstehungsgeschichte des Dritten Überleitungsgesetzes niedergeschlagen hätte.

Man könnte schließlich daran denken, daß Berlin das Bundesrecht mit allen rechtlichen Eigenschaften und Mängeln rezipiert, so daß das in Berlin geltende Bundesrecht nur akzessorisch zum im Bundesgebiet geltenden Bundesrecht gilt. Aber diese Konstruktion verhilft nicht zu der Berlin-Wirkung der Entscheidungen des Bundesverfassungsgerichts. Denn die Wirkung des Spruches des Bundesverfassungsgerichts beruht auf dem in Berlin nicht geltenden § 31 BVerfGG. Die eventuelle Nichtigkeit des Bundesrechts besteht unabhängig von der Entscheidung des Bundesverfassungsgerichts mit der Einschränkung, daß nach der Entscheidung des Bundesverfassungsgerichts wegen § 31 BVerfGG die Frage der Gültigkeit oder Ungültigkeit des Bundesgesetzes, dessen Gültigkeit das Bundesverfassungsgericht überprüft hat, nicht mehr angezweifelt werden darf. Da aber § 31 BVerfGG in Berlin nicht gilt, kann dem Spruch des Bundesverfassungsgerichts gerade diese Wirkung in Berlin nicht beigemessen werden.

Als Ergebnis ist daher festzuhalten, daß eine zulässigerweise vom Bundesverfassungsgericht gefällte Normenkontrollentscheidung keine verbindliche Wirkung hinsichtlich des in Berlin geltenden Bundesrechts bzw. für die Organe der Berliner Rechtsordnung entfaltet.

Eine andere Sache ist es, daß Berliner Organe die Entscheidungen des Bundesverfassungsgerichts freiwillig befolgen. Dies beruht auf ihrer

---

[159] BFH BStBl. 1963 III S. 189 (190). Die Parallele zur italienischen Theorie der Kollisionsnorm (vgl. *Morelli*, Elementi, 21 f. sub 8) fällt auf. Was aber vielleicht ebenso bedacht werden sollte: Das ausländische Recht wird für die italienische Lehre durch die in der Kollisionsnorm enthaltenen Verweisung zum Bestandteil der *inländischen* Rechtsordnung, es wird nationalisiert.

[160] Vgl. die BK/O (51) 56 vom 8. 10. 1951 in der Fassung der BK/O (55) 10 vom 14. 5. 1955, Dok. Nr. 131; BK/L (52) 81 vom 28. 8. 1952, Dok. Nr. 134.

eigenen Entschließung, nicht auf der Rechtskraft oder Gesetzeskraft der Entscheidungen des Bundesverfassungsgerichts[161].

Die Alliierte Kommandantur folgt augenscheinlich dieser Auffassung. Denn sie hat in der BK/O (68) 13 vom 21. Okt. 1968 (GVBl. S. 1549) einer Entscheidung des Bundesverfassungsgerichts[161a] dadurch Wirksamkeit verschafft, daß sie die Urteilsformel der Entscheidung des Gerichts zum Gegenstand einer eigenen Anordnung für Berlin machte.

II. Entscheidung nach unzulässiger Vorlage

Czermak[162] will eine Bindung der Gerichte und Behörden Berlins nach § 31 BVerfGG eintreten lassen, wenn das Bundesverfassungsgericht unter Verstoß gegen die durch den government-Vorbehalt gezogenen Grenzen judiziert hat, wenn also die Vorlage beim Bundesverfassungsgericht unzulässig war. Diese Auffassung widerspricht aber der auch von *Czermak* vertretenen Ansicht, daß sich der räumliche Geltungsbereich des § 31 BVerfGG nicht auf Berlin erstreckt. Gilt § 31 BVerfGG nicht in Berlin, so ist auch eine Bindungswirkung der Entscheidung des Bundesverfassungsgerichts ausgeschlossen, da diese auf § 31 BVerfGG beruht. Das vorlegende Gericht ist also an die Entscheidung des Bundesverfassungsgerichts nicht gebunden. Hat es sich für gebunden gehalten, so ist sein Urteil fehlerhaft und mit Rechtsmitteln angreifbar[163].

---

[161] Das übersieht BFH BStBl. 1963 III S. 189 (190), wenn er das Stillschweigen der Alliierten zu dieser Praxis ausdrücklich betont. Für die Alliierten besteht nicht der geringste Anlaß zum Eingreifen, weil den Entscheidungen des Bundesverfassungsgerichts „freiwillig" in Ausübung eines eigenen Prüfungsrechts der Berliner Gerichte gefolgt wird. Mißverständlich *Czermak*, Stellung Berlins, 136, der meint, daß in Berlin geltendes Bundesrecht, das mit für nichtig erklärtem Bundesrecht als solchem übereinstimmt, „aufgrund der Selbstbindung in Berlin als ungültig zu behandeln und nicht mehr zu beachten" sei. Diese Formulierung erweckt den Eindruck, als spräche *Czermak* von einem geltenden (Gewohnheits-)Rechtssatz, während es sich doch um nicht mehr als eine zulässige Verwaltungspraxis handelt, vgl. *Wengler*, Leibholz-Festschrift II, 969.

[161a] BVerfG NJW 1968, 1567 (nur Leitsatz) = RzW 1968, 391.

[162] Stellung Berlins, 135.

[163] Das gilt selbstverständlich nicht für letztinstanzliche Entscheidungen.

DRITTER TEIL

Die Wahrung der Rechtsprechungseinheit

§ 20 Die Rechtsprechungseinheit de lege lata

Insoweit das Bundesverfassungsgericht durch die alliierten Vorbehalte an der Wahrnehmung seiner Kompetenzen aus Art. 100 I GG gehindert ist, üben die Gerichte jeder Instanz das richterliche Prüfungsrecht selbständig aus[1], ohne daß ihre Entscheidung allgemeinverbindliche Wirkung hat. Die Gefahr widersprechender Normenkontrollentscheidungen ist daher sehr groß. Immerhin kennt das geltende Prozeßrecht einige Verfahren, um diese Gefahr zu verringern.

I. Rechtsmittel

Zur Wahrung auch der Rechtsprechungseinheit dienen die Rechtsmittel, namentlich die Revision. Im Gegensatz zu Prozessen, in denen eine Vorlage nach Art. 100 I GG zulässig ist, kann die Entscheidung eines Gerichts, das nicht vorlagebefugt war, durch Rechtsmittel mit der Begründung angegriffen werden, das Gericht habe ein Gesetz außer Anwendung gelassen, weil es zu Unrecht dessen Grundgesetzwidrigkeit angenommen habe. In Prozessen mit Vorlagebefugnis wäre eine solche Fallgestaltung nicht denkbar, weil die Verwerfung eines Gesetzes wegen Art. 100 I GG ausschließlich Aufgabe des Bundesverfassungsgerichts ist, das endgültig entscheidet.

---

[1] Ein solches Prüfungsrecht wurde für Berliner Landesrecht in ständiger Rechtsprechung ausgeübt; vgl. BGHZ 20, 112 (116); BVerwGE 9, 210 (213); 18, 150 (151); 20, 29 (31); 24, 235 (238/239); OVG Berlin Bd. 6 S. 105 (106); Bd. 7 S. 116 (121). Dieses Verfahren wird von BVerfGE 7, 1 (16 sub 5) gebilligt. Das OVG Berlin (JZ 1967, 752) und das Kammergericht (NJW 1966, 598; ebenso offenbar RzW 1964, 442) haben sich auch zur Überprüfung und Verwerfung von in Berlin geltendem Bundesrecht für zuständig gehalten. Hierzu kritisch *Sendler*, NJW 1966, 1756, im Hinblick auf BVerfGE 19, 377.

Parallel liegt der Fall, daß das Verfahren nach Art. 100 I GG nicht eingeschlagen werden konnte, weil das Bundesverfassungsgericht noch nicht errichtet war; vgl. oben S. 32, ferner HambOVG DVBl. 1950, 752; Württ.-Bad. VGH ÖV 1950, 346 (347); OVG Lüneburg AS 3, 241 (245); OVG Münster AS 3, 85 (87); BayVfGH VerwRspr. 2 S. 163 (169); *Ipsen*, DV 1949, 486 (492 sub 9 b).

Die Rechtsmittel können jedoch nur Erfolg haben, wenn die Voraussetzungen für ihre Zulässigkeit und Begründetheit gegeben sind. Die Tatsache, daß durch das Rechtsmittel eine Normenkontrollentscheidung angegriffen werden soll, befreit nicht von den einschlägigen prozessualen Vorschriften.

Es sind z. B. die Vorschriften über die Revisibilität von Rechtsnormen zu beachten, die für Berlin von besonderer Bedeutung sind, wenn nur Bundesrecht revisibel ist[2]; denn in diesem Fall kann die Revision nur Erfolg haben[2a], wenn das in Berlin geltende Bundesrecht Bundesrecht i. S. der Vorschriften ist, die nur die Revisibilität von Bundesrecht kennen[3]. Ferner gibt es Beschränkungen hinsichtlich der Einlegung der Rechtsmittel, die jedoch gerade zugunsten der Wahrung der Rechtsprechungseinheit durchbrochen sind: Unterliegt ein Rechtsmittel besonderer Zulassung[4], so ist als Zulassungsgrund immer die Divergenz von der Entscheidung eines höheren Instanzgerichts in der gleichen Rechtsfrage anerkannt.

Der Wahrung der Rechtsprechungseinheit dienen auch die Vorschriften über die Bindung der Untergerichte an die Entscheidungen des Rechtsmittelgerichts[5]. Diese Bindung geht nach der Rechtsprechung des Bundesverfassungsgerichts sogar so weit, daß das Gericht, an das zurückverwiesen wird, eine Norm, die es für ungültig hält, die aber das Rechtsmittelgericht seiner Entscheidung als gültig zugrunde gelegt hat, nicht nach Art. 100 I GG dem Bundesverfassungsgericht vorlegen darf[6].

Trotz dieser Funktion der Rechtsmittel, die Einheit der Rechtsprechung zu wahren, sind sie kein vollkommener Ersatz für die Rechtsprechung des Bundesverfassungsgerichts: Sie können das Abweichen in Normenkontrollverfahren zwischen mehreren Senaten eines oberen Bundesgerichts nicht verhindern, eben weil der Spruch des Revisionsgerichts keine allgemeinverbindliche Wirkung hat. Diese Lücke wird durch die — hier zusammenfassend so genannten — Vorlageverfahren geschlossen.

---

[2] Wie nach § 137 I VwGO, § 118 I 1 FGO.

[2a] Nach h. M. ist eine Revision, die auf die Verletzung irrevisiblen Rechts gestützt wird, unbegründet, vgl. *Baumbach-Lauterbach*, ZPO, § 549 Anm. 1 A; *Eyermann-Fröhler*, VwGO, § 137 Rdnr. 1; *Rosenberg*, Zivilprozeßrecht, § 140 III; *Stein-Jonas-Schönke-Pohle*, ZPO, § 549 I; a. A. *Bettermann*, ZZP 77, 3 (30).

[3] Die Frage ist mit BVerwGE 1, 220 zu bejahen.

[4] § 546 II ZPO; §§ 61 III, 69 III ArbGG; §§ 131 II, 132 VwGO; § 115 FGO; §§ 150 Nr. 1, 162 I SGG.

[5] § 565 II ZPO; § 358 I StPO; § 72 III ArbGG; §§ 130 II, 144 VI VwGO; § 126 V FGO; §§ 159 II, 170 IV SGG.

[6] BVerfGE 2, 406 (411 f.); 6, 222 (242 sub IV).

II. „Vorlageverfahren"

(1) Diese Verfahren haben gemeinsam, daß sie den Parteien keine weitere Rechtsmittelinstanz einräumen, sondern das mit der Sache letztinstanzlich befaßte Gericht unter bestimmten Voraussetzungen von Amts wegen eine Instanz zur Wahrung der Rechtsprechungseinheit anzurufen hat, deren Zuständigkeit über die des vorlegenden Gerichts hinausgeht[7]. Hierher gehört die Anrufung des Großen Senats eines oberen Bundesgerichts[8] oder Oberverwaltungsgerichts[9] bzw. der Vereinigten Großen Senate des Bundesgerichtshofs[10], aber auch die Anrufung eines Einzelsenats des Bundesgerichtshofs auf Vorlage eines Oberlandesgerichts[11].

Die Rechtsprechungseinheit wird dadurch hergestellt, daß die Entscheidung der angerufenen Instanz für die vorlegende Instanz verbindlich ist[12, 13] und andere letztinstanzliche Gerichte, die in derselben Rechtsfrage abweichen wollen, wiederum vorlegen müssen. Für Gerichte ohne Vorlagepflicht, das sind solche, die von der Prozeßordnung nicht als letzte Instanz vorgesehen sind, ist die Entscheidung der zur Rechtsprechungseinheit berufenen Instanz zwar ohne Verbindlichkeit — hier greifen aber die bereits dargestellten Vorschriften über die Bindung an die Entscheidung des im Instanzenzug höheren Gerichts ein[14].

Die Rechtsprechungseinheit wird auch durch die Interpretation des Begriffes „derselben Rechtsfrage" gefördert, in der vom Urteil eines anderen Gerichts abgewichen werden soll: Die Identität der Rechtsfrage bestimmt sich nämlich nicht nach der formellen Identität der sie regelnden Gesetzesbestimmung, sondern es genügt die Identität des Rechtssatzinhaltes, auch wenn dieser in verschiedenen Gesetzen enthalten ist[15].

---

[7] Meist bei der örtlichen Zuständigkeit.

[8] Vgl. §§ 136, 137 GVG; § 45 II ArbGG; § 11 III, IV VwGO; § 11 III, IV FGO; §§ 42, 43 SGG; § 42 I, II BDO.

[9] § 12 VwGO.

[10] § 136 II GVG.

[11] §§ 120 III, 121 II GVG; § 29 I 2 EG GVG; § 56 V OWiG; § 28 II FGG; § 79 II GBO.

[12] § 138 III GVG; § 11 V 2 VwGO; § 11 V 2 FGO; § 45 III ArbGG; § 44 II SGG; § 42 V BDO. Auch bei den Verfahren zur Vorlage beim Bundesgerichtshof in Strafsachen besteht die Bindungswirkung; vgl. *Müller-Sax*, StPO II, § 121 GVG Anm. 3 b dd; *Löwe-Rosenberg*, StPO II, § 121 GVG Anm. 29 d; Eb. *Schmidt*, Lehrkommentar III, § 121 GVG, Rdnr. 22; *Schwarz-Kleinknecht*, § 121 GVG Anm. 9.

[13] § 29 I 2 EG GVG und § 28 II FGG lassen den Bundesgerichtshof nicht nur die Rechtsfrage, sondern auch die Sache selbst an Stelle des Oberlandesgerichts entscheiden. Dadurch wird die Bindungswirkung überflüssig.

[14] Vgl. oben S. 98 zu und in Anm. 5.

[15] BGHZ (GS) 9, 179 (181); BGHSt. 6, 41 (42); *Eyermann-Fröhler*, VwGO, § 11 Rdnr. 5; *Hanack*, Ausgleich, 152 ff.; *Peters-Sautter-Wolff*, SGG, § 42 Blatt

(2) Erweisen sich die dargestellten Vorlageverfahren als tauglich zur Wahrung der Rechtsprechungseinheit, so ist zu prüfen, ob und inwieweit sie an die Stelle der fehlenden Zuständigkeit des Bundesverfassungsgerichts treten. Der VII. Senat des Bundesverwaltungsgerichts hat es ohne weiteres für zulässig gehalten, die Frage der Verfassungsmäßigkeit einer Norm des Berliner Landesrechts wegen Divergenz zur Rechtsprechung des V. Senats gemäß § 11 III VwGO dem Großen Senat des Bundesverwaltungsgerichts vorzulegen[16]. Zur Begründung beruft er sich auf die mangelnde Zuständigkeit des Bundesverfassungsgerichts. Bei beiden divergierenden Entscheidungen handelte es sich um Berliner Sachen.

Unerwähnt ließ das Bundesverwaltungsgericht die Entscheidung des Bundesverfassungsgerichts[17], nach der die Anrufung des Großen Zivilsenats des Bundesgerichtshofs gemäß § 137 GVG[18] für unzulässig gehalten wird, weil infolge des Verwerfungsmonopols des Bundesverfassungsgerichts nach Art. 100 I GG dem Großen Senat keine Entscheidungsmöglichkeit nach allen Richtungen offenstehe und die sich aus den §§ 136 bis 138 GVG ergebenden Folgen seiner Entscheidung, namentlich die Beseitigung der Vorlagepflicht nach Art. 100 I GG für die Senate des Bundesgerichtshofs, nicht mit Art. 100 I GG vereinbar seien.

Wenn man — wie das Bundesverwaltungsgericht — die Vorlage an den Großen Senat für zulässig hält, weil das Bundesverfassungsgericht nicht *zuständig* ist, so widerspricht die Vorlage nicht der erwähnten Entscheidung des Bundesverfassungsgerichts; denn, da dem Bundesverfassungsgericht die Sache weder vorgelegt werden kann noch es über sie entscheiden darf, ist eine Kollision mit Art. 100 I GG ausgeschlossen.

Freilich vermag auch die Vorlage zum Großen Senat die Rechtsprechungseinheit nicht im selben Umfang herzustellen wie das Normenkontrollverfahren vor dem Bundesverfassungsgericht. Denn es versagt dann, wenn Divergenzen in derselben Rechtsfrage zwischen verschiedenen Gerichtsbarkeiten bestehen. Auch das ist eine Folge der fehlenden Allgemeinverbindlichkeit der Entscheidung, die das angerufene Gericht trifft.

94/30 —1—; unrichtig *Knoll*, JR 1963, 361 (364 Anm. 10). A. A. ist das Bundesverwaltungsgericht bei der Auslegung des § 132 II Nr. 2 VwGO, vgl. BVerwG DVBl. 1960, 364 mit kritischer Anmerkung von *Bettermann*, NJW 1961, 44; BVerwGE 16, 53; 17, 43 (48); 27, 155 (156).

[16] BVerwG DÖV 1963, 152; ebenso BVerwGE (GS) 18, 150 (151).

[17] BVerfGE 6, 222 ff. mit zustimmender Anmerkung von *Bachof*, DÖV 1957, 715. Die Entscheidung erging in einer westdeutschen Sache. Über die Auswirkungen dieser Entscheidung vgl. BVerwG (GS) NJW 1962, 459 (nur Leitsatz) = SGb 1961, 378 ff. Vgl. ferner die Diskussion zwischen *Bogs*, SGb 1961, 33 ff. 354 ff., und *Hennig*, SGb 1960, 322 ff.; 1961, 353 ff.

[18] Die Urteilsgründe des Bundesverfassungsgerichts treffen auch auf das Verfahren nach § 136 GVG zu.

III. Aussetzung

Eine weitere Möglichkeit, die Rechtsprechungseinheit herzustellen, besteht darin, das Verfahren auszusetzen, weil über eine für die aussetzende Instanz erhebliche Vorfrage in einem anderen Verfahren entschieden wird[19].

Jedoch steht die Aussetzung nach den einschlägigen Vorschriften *im Ermessen* des Gerichts[20] und damit auch die Wahrung der Rechtsprechungseinheit. Darüber hinaus ist es für die Zulässigkeit der Aussetzung nicht erforderlich, daß die Entscheidung, um derentwillen ausgesetzt wird, Rechtskraftwirkung für das ausgesetzte Verfahren hat, so daß trotz Aussetzung eine abweichende Entscheidung des aussetzenden Gerichts möglich bleibt, was sicher nicht der Rechtseinheit dient. Zudem ist die Frage, ob wegen eines beim Bundesverfassungsgericht anhängigen Normenkontrollverfahrens ein Gericht aussetzen darf, in der Literatur umstritten.

Das Bundesverfassungsgericht[21] hat es in einem obiter dictum schon „aus Gründen der Prozeßökonomie" für „richtig" gehalten, daß, wenn „eine Verfassungsbeschwerde gegen dieselbe Norm anhängig" ist, das Prozeßgericht „das bei ihm anhängige Verfahren aussetzt". Entsprechend hat der Bundesfinanzhof[22] in einer Berliner Sache ausgesetzt, weil beim Bundesverfassungsgericht in einer westdeutschen Sache ein Verfahren nach Art. 100 I GG über dasselbe Gesetz in derselben Rechtsfrage anhängig ist[23].

In anderen Urteilen wird die Aussetzbarkeit wegen eines in einem anderen Prozeß anhängigen Normenkontrollverfahrens überwiegend verneint[24], weil die Voraussetzungen der Aussetzung nicht erfüllt seien. Denn das Bundesverfassungsgericht „entscheidet nicht über das Bestehen oder Nichtbestehen eines konkreten Rechtsverhältnisses, insbesondere nicht über ein Rechtsverhältnis, das für den hier vorliegenden Rechtsstreit vorgreiflich ist", sondern über eine abstrakte Rechtsfrage[25].

---

[19] §§ 148 ZPO, 94 VwGO, 74 FGO, 114 II SGG, 96 II GWB.

[20] Einzige Ausnahme: § 96 II GWB.

[21] BVerfGE 3, 58 (74 sub 4).

[22] BFH BStBl. 1963 III S. 189 ff.

[23] Vgl. auch BFH BStBl. 1966 III S. 402; S. 546: Aussetzung wegen eines beim Bundesverfassungsgericht gem. Art. 93 I Nr. 2 GG anhängigen abstrakten Normenkontrollverfahrens.

[24] BFH BStBl. 1959 III S. 172 (173); OVG Berlin Bd. 3 S. 162 (164); Hamb.-OVG VerwRspr. 10 S. 253 (254 ff.); OVG Münster VerwRspr. 11 S. 240; Bay.-ObLG NJW 1967, 110 (112). A. A. VGH Kassel NJW 1956, 525 für einen Sonderfall.

[25] OVG Münster VerwRspr. 11 S. 240 (241).

Die kontroverse Rechtsprechung und der Umstand, daß die Aussetzung im Ermessen des Gerichts steht, machen deutlich, daß ihr rechtsprechungsvereinheitlichender Effekt sehr gering ist.

§ 21 Die Zuständigkeit des Bundesverfassungsgerichts de lege ferenda

Da die Normenkontrollentscheidungen des Bundesverfassungsgerichts keine rechtliche Wirkung für das in Berlin geltende Bundesrecht und das Berliner Landesrecht bzw. für die Organe der Berliner Rechtsordnung zu entfalten vermögen, andererseits aber die Jurisdiktion des Bundesverfassungsgerichts hierüber unbedingt erforderlich ist, weil sie Rechtsprechungseinheit bewirkt sowie den vom Bundesverfassungsgericht[26] betonten Schutz des Parlaments vor Mißachtung seiner Gesetze gewährt, soll untersucht werden, ob es, wenn nicht de lege lata, so doch de lege ferenda möglich ist, diese Wirkungen herbeizuführen, ohne die alliierten Vorbehalte zu verletzen.

Hierbei hat von vornherein die Möglichkeit außer Betracht zu bleiben, das Bundesverfassungsgericht *direkt* als Bundesorgan zuständig zu machen; denn dem stehen die eindeutigen Vorbehalte der Alliierten entgegen[27]. Der Weg über Art. 93 I Nr. 4 GG sowie über Art. 99 GG ist daher nicht gangbar, ganz abgesehen davon, daß Zweifel bestehen, ob diese Vorschriften überhaupt geeignet sind, Ersatzzuständigkeiten für das Verfahren nach Art. 100 I GG zu schaffen.

Das gewünschte Ergebnis läßt sich aber möglicherweise *indirekt* erzielen[28].

Durch die alliierten Vorbehalte wird die Wirkung der Entscheidungen des Bundesverfassungsgerichts auf Berlin ausgeschlossen, weil das Gericht als Teil der Staatsgewalt des Bundes judiziert. Wenn dagegen die Berliner Staatsgewalt einen ergangenen Spruch des Bundesverfassungsgerichts zum Anlaß nähme, *von sich aus* bestimmte Wirkungen des Spruches, die dieser *kraft Bundesgewalt* in Berlin nicht hat, *kraft Landesgewalt* anzuordnen, so wäre den alliierten Vorbehalten Genüge

---

[26] BVerfGE 1, 184 (197 f.).

[27] Zwar können die Vorbehalte von den Alliierten eingeschränkt, ja sogar aufgehoben werden. Aber ob das ein erstrebenswertes Ziel deutscher Politik sein soll, ist zweifelhaft. Jeder Schritt in diese Richtung beseitigt ein Stück Viermächteverantwortung über Berlin. Vgl. hierzu *Wengler*, Bl. f. dt. int. Pol. 1965, 336 ff.

[28] Andeutungen zum folgenden bei *Knoll*, JR 1963, 361 (365/366); *Steuerwald*, JR 1957, 5 (7 Anm. 14).

getan; denn in diesem Fall judiziert nicht das Bundesverfassungsgericht, sondern die Berliner Staatsgewalt in Berlin[29].

Derselbe Gedanke liegt der Übernahme von Bundesrecht zugrunde. Seine Heranziehung empfiehlt sich um so mehr, als die Tätigkeit des normenkontrollierenden Bundesverfassungsgerichts in enger Beziehung zur Normsetzung steht: Die Entscheidung des Bundesverfassungsgerichts wirkt ebenso generell-abstrakt wie die Norm selbst[30]. Da die Alliierten damit einverstanden waren, die Normsetzung des Bundes in der bekannten Weise nach Berlin zu transformieren, dürfte dieses Einverständnis auch für die Übernahme der Feststellungsurteile des Bundesverfassungsgerichts zu erreichen sein, zumal es sich hier — politisch gesehen — um ein Minus zur Normsetzung handelt, insofern nämlich dem „Normaufheber" die gestalterische Freiheit des Normsetzers fehlt.

Als Übernahmeform empfiehlt sich das Gesetz, nicht der Verwaltungsakt oder ein Richterspruch; denn es handelt sich hier um eine besondere Form der Aufhebung oder Bekräftigung von *Gesetzen*. Ein solches Übernahmegesetz könnte etwa folgenden Wortlaut haben:

„Hat das Bundesverfassungsgericht über die Gültigkeit von Bestimmungen, die auch in Berlin anwendbar sind, entschieden, so treten die in den §§ 31, 79 BVerfGG festgelegten Wirkungen auch in Berlin ein."

Darüber hinaus wäre es erforderlich, den Spruch des Bundesverfassungsgerichts im selben Umfang wie im Bundesgesetzblatt in Berlin zu publizieren, sei es vollinhaltlich im Gesetz- und Verordnungsblatt für Berlin, sei es am selben Ort durch Hinweis auf die Publikation im Bundesgesetzblatt.

Dieses Übernahmeverfahren unterscheidet sich von den Verfahren, mit denen die Zuständigkeit der Bundesgerichte in Berlin begründet wurde, dadurch, daß es sich dort um ein *zweiseitiges* Verfahren zwischen dem Bund und Berlin handelte, während die Wirksamkeit des

---

[29] Einen Ansatz in diese Richtung enthält z. B. § 16 III 2 des Berliner Landeswahlgesetzes vom 28. März 1958 (GVBl. S. 305), der folgenden Wortlaut hat: „Parteien, die vom Bundesverfassungsgericht für verfassungswidrig erklärt worden sind, können keine Wahlvorschläge einreichen."

Vgl. auch § 96 a I Nr. 1 StGB, eingefügt durch das 6. Strafrechtsänderungsgesetz vom 30. Juni 1960 (BGBl. I S. 478/GVBl. S. 661): „Wer öffentlich, in einer Versammlung oder in von ihm verbreiteten Schriften, Schallaufnahmen, Abbildungen oder Darstellungen Kennzeichen

1. einer Partei, die gemäß Artikel 21 Abs. 2 des Grundgesetzes vom Bundesverfassungsgericht für verfassungswidrig erklärt ist,

2.—3. ...

verwendet, wird ... bestraft ..."

Diese Bestimmung ist im Gegensatz zu § 16 III 2 LWahlG von der Alliierten Kommandantur beanstandet worden (vgl. GVBl. 1960 S. 662) und daher nicht in Kraft getreten.

[30] Vgl. oben S. 65.

Spruches des Bundesverfassungsgerichts in Berlin durch ein *einseitiges* Verfahren Berlins herbeigeführt wird, vergleichbar der Setzung parallelen Rechts.

Dennoch wäre ein solches Gesetz vor Eingriffen der Alliierten Kommandantur nicht sicher, weil sich diese weitgehende Befugnisse in der Erklärung vom 5. Mai 1955[31], insbesondere in deren Art. II vorbehalten hat. Im übrigen ist es auch denkbar, daß die Alliierte Kommandantur unter Berufung auf ihre Berlin-Vorbehalte Einwände erhebt. Sie wären freilich nicht deshalb zu befürchten, weil die Rechtsprechung des Bundesverfassungsgerichts *global* für Berlin wirksam gemacht wird; denn die Alliierte Kommandantur war bereits mit einer Globalübernahme von Bundesrecht einverstanden[32] — der Grund ist vielmehr in der BK/O (52) 35 zu sehen, die die Rezeption des Bundesverfassungsgerichtsgesetzes verbot: Für die Alliierte Kommandantur wird es möglicherweise keinen Unterschied machen, in welcher Weise die Rechtsprechung des Bundesverfassungsgerichts für Berlin wirksam gemacht wird: ob durch Einräumung der Zuständigkeit des Bundesverfassungsgerichts auch für Berlin oder lediglich durch Erstreckung der Urteilswirkungen auf Berlin — in beiden Fällen könnte sie ihr Verbot verletzt sehen[33]. Wenn dennoch der wiedergegebene Gesetzgebungsvorschlag gemacht wird, so deswegen, weil er als Vorstoß unter Wahrung der Form gewertet werden kann — vergleichbar den deutschen Vorstößen zur Transformation von Bundesrecht nach Berlin.

Das vorgeschlagene Verfahren funktioniert aber nur, wenn das Bundesverfassungsgericht zuvor zulässigerweise entschieden hat. Es kann daher nicht zur Anwendung kommen, wenn es um die Überprüfung Berliner Landesrechts geht.

---

31 BKC/L (55) 3 (GVBl. 1955 S. 335).

32 Vgl. Abgh-Drs. II/325.

33 Beruhte freilich das Verbot der Alliierten Kommandantur, das Bundesverfassungsgerichtsgesetz in Berlin zu übernehmen, in erster Linie auf ihren politischen Bedenken gegen eine Zuständigkeit des Bundesverfassungsgerichts für Streitigkeiten zwischen dem Bund und dem Land Berlin (vgl. oben S. 32 Anm. 56), dann dürften solche Bedenken bei bloßen Normenkontrollentscheidungen nicht bestehen. Auch für das Verfahren der Verfassungsbeschwerde würden sich unter diesem Gesichtspunkt neue Lösungsmöglichkeiten ergeben. Dies gilt um so mehr, als ja die Alliierte Kommandantur selbst in Nr. 6 der BK/O (52) 35 ihre Bereitschaft erklärt hat, bei der Lösung der Probleme mitzuwirken, die durch die Ablehnung der Übernahme des Bundesverfassungsgerichtsgesetzes *im ganzen* entstanden sind. Vielleicht hätte die Alliierte Kommandantur keine Bedenken gegen eine *Teil*übernahme. Freilich ist die Alliierte Kommandantur jüngst dazu übergegangen, den Entscheidungen des Bundesverfassungsgerichts, durch die ein Gesetz für nichtig erklärt wurde, dadurch Wirksamkeit zu verschaffen, daß sie die Entscheidungsformel in Form einer eigenen Anordnung für Berlin verkündet; vgl. BK/O (68) 13 vom 21. Okt. 1968 (GVBl. S. 1549).

§ 22 Die Ersatzzuständigkeit des Berliner Verfassungsgerichtshofs

Wurde auch de lege ferenda gezeigt, wie die Rechtsprechung des Bundesverfassungsgerichts wenigstens teilweise für Berlin fruchtbar gemacht werden kann, ohne daß die alliierten Vorbehalte entgegenstehen, so muß mit der Nichtdurchsetzbarkeit dieses Vorschlages gerechnet werden. Da die gesetzlichen Regeln de lege lata zur Ausfüllung der bestehenden Lücke nicht ausreichen, muß auch hier der Gesetzgeber helfen.

Die Rechtsprechungseinheit wäre in vollkommener Weise zu wahren, wenn es gelingen würde, die Zuständigkeit des Bundesverfassungsgerichts nach Art. 100 I GG bei einem für Berlin zuständigen Gericht zu monopolisieren und zu verhindern, daß Divergenzen zwischen diesem und dem Bundesverfassungsgericht auftreten können. Ein solches Gericht gibt es zur Zeit nicht. Es soll daher überlegt werden, ob es de lege ferenda eingerichtet werden kann.

Hierzu bietet sich eine entsprechende Ausdehnung der Kompetenzen des gemäß Art. 72 BV zu errichtenden Berliner Verfassungsgerichtshofs an. Eine solche Maßnahme erfordert aber eine Reihe verfassungs- und prozeßrechtlicher Überlegungen.

I. Verstoß gegen Art. 100 I GG?

Es ist fraglich, ob nicht in Berlin geltende Vorschriften des Grundgesetzes eine Ersatzzuständigkeit des Verfassungsgerichtshofs ausschließen.

In der Literatur wird ein Verstoß gegen die in Art. 100 I GG festgelegte ausschließliche Zuständigkeit des Bundesverfassungsgerichts angenommen[34]. Ein solcher Verstoß setzt jedoch voraus, daß Art. 100 I GG insoweit in Berlin gilt. Das ist nach den bisherigen Ausführungen hinsichtlich der Überprüfung von *Berliner Landesrecht*[35] und von *in Berlin geltendem Bundesrecht* bzw. für die Vorlagepflicht von Berliner Organen zu verneinen. Ist aber eine Norm nicht anwendbar, kann auch nicht gegen sie verstoßen werden[36].

---

[34] Denkschrift des Senats von Berlin, Abgh-Drs. II/1759 S. 4; *Rudolph*, DVBl. 1964, 251 (252); *Stern*, DVBl. 1963, 696 (699).

[35] Ebenso *Finkelnburg*, JR 1965, 361 (364).

[36] Vgl. BayVfGH n. F. 9 II 57 (86).

II. Verstoß gegen die Prinzipien zur Abgrenzung zwischen Bundes- und Landesverfassungsgerichtsbarkeit?

Ein weiteres Argument wird aus dem Verhältnis zwischen Bundes- und Landesverfassungsgerichtsbarkeit gewonnen: Hieraus soll folgen, daß wegen der Trennung der Verfassungsräume zwischen Bund und Ländern die als Emanation der jeweiligen Staatsgewalt zu begreifende Verfassungsgerichtsbarkeit nur die Verfassung als Prüfungsmaßstab nehmen darf, der sie ihre Entstehung verdankt[37], und daß die Landesverfassungsgerichtsbarkeit auf die Kontrolle der Landesstaatsgewalt beschränkt ist[38]. Lediglich zugunsten der Bundesverfassungsgerichtsbarkeit seien durch das Grundgesetz Ausnahmen statuiert[39].

Für die Vertreter der Lehre von der Nichtzugehörigkeit Berlins zur Bundesrepublik ist diese Theorie jedoch unbeachtlich; denn sie setzt ein bundesstaatliches Verhältnis voraus, das ihrer Ansicht nach zwischen Berlin und der Bundesrepublik gerade nicht bestehen soll.

Aber auch wer, wie die Mehrzahl der Autoren, von der Zugehörigkeit Berlins zum Bund ausgeht, muß sich nicht in jedem Fall mit der hauptsächlich von *Friesenhahn* vertretenen These auseinandersetzen. Denn es steht fest, daß das Grundgesetz in Berlin kraft des Art. 87 III BV auch als Landesrecht in bestimmtem Umfang gilt, und zwar mit Vorrang vor jeder anderen Norm des Landesrechts. An diesem kraft Landesgewalt geltenden Grundgesetz erscheint eine Überprüfung durch den Landesverfassungsgerichtshof möglich[40].

Dagegen muß auf die *Friesenhahn*sche Auffassung eingegangen werden, wenn das Grundgesetz, soweit es kraft Bundesgewalt in Berlin gilt, und das in Berlin geltende Bundesrecht, sofern man es als Bundesrecht i. S. des Art. 31 GG ansieht[41], Prüfungsmaßstab sein sollen bzw. wenn das in Berlin geltende Bundesrecht, sofern man in seiner Kontrolle keine Kontrolle von Landesgewalt sieht, zum Prüfungsgegenstand gemacht werden soll.

---

[37] BVerfGE 10, 285 (293); 22, 267 (270); *Friesenhahn*, Referat, 4 sub II 1 c ff.; *v. Hammerstein*, Verhältnis, 14, mit einer hier nicht interessierenden Einschränkung; *Stern*, DVBl. 1963, 696 (701).

[38] *Friesenhahn*, Referat, 4 sub II 1 a; *v. Hammerstein*, Verhältnis, 18 f.

[39] *Friesenhahn*, Referat, 7 sub 2 a; *v. Hammerstein*, Verhältnis, 21.

[40] Vgl. ähnlich *Friesenhahn*, Referat, 12.

[41] Für die Beantwortung der Frage, ob das in Berlin geltende Bundesrecht „Bundesrecht" i. S. des Art. 31 GG ist, muß beachtet werden, daß zur Inkraftsetzung dieses Rechts in Berlin ein Akt des Abgeordnetenhauses erforderlich ist (vgl. oben S. 25). Jedoch ist »Bundesrecht« i. S. des Art. 31 GG auch das nach Berlin transformierte Bundesrecht (vgl. *[Blomeyer-]Wengler*, Rechtsgutachten, 3 sub b; *Wengler*, JZ 1967, 755 Anm. 8; *Finkelnburg*, JR 1965, 361 [365]), weil Art. 31 GG nicht nur formellem Bundesrecht, d. h. Recht, das nach den Vorschriften des Grundgesetzes über das Gesetzgebungsverfahren zustande

Ob die These *Friesenhahns* an sich richtig ist[42], kann dabei dahinstehen; jedenfalls ist es zweifelhaft, ob man sie auf das Verhältnis Bonn — Berlin anwenden darf. Da sie dazu dient, die Kompetenzen zwischen Bundes- und Landesverfassungsgerichtsbarkeit abzugrenzen, setzt sie voraus, daß überhaupt Abgrenzungsprobleme bestehen. Da das Bundesverfassungsgericht für Berlin nicht entscheiden darf, entfällt insoweit ein Abgrenzungsproblem. Es ist vielmehr das andere, von der *Friesenhahn*schen These nicht erfaßte Problem zu lösen, was zu geschehen hat, wenn das bundesstaatliche Verhältnis in der Weise gestört ist, daß die Zentralinstanz an der Wahrnehmung einer ihr an sich zustehenden Kompetenz nicht nur vorübergehend gehindert wird. Anschauungsmaterial zu dieser Frage geben die Ereignisse zwischen 1945 und 1949 in Deutschland. Dort wurde der Rechtssatz praktiziert, daß in diesen Fällen die funktionierende Landesinstanz die Kompetenzen der funktionsunfähigen Zentralinstanz übernimmt. Die Situation Berlins ähnelt auch auf dem Boden der Zugehörigkeitsthese der der Länder bis zur Konstituierung der Bundesrepublik. Das spricht dafür, diesen auch vom Grundgesetz akzeptierten Rechtssatz[43] auf Berlin anzuwenden. Ob eine Zentralinstanz, wie vor der Konstituierung der Bundesrepublik, ganz fehlt

---

gekommen ist, Vorrang vor widersprechendem Landesrecht verleiht. Solange und soweit die Initiative für den Erlaß und die Entscheidung über den Inhalt eines Gesetzes beim Bund liegen und das Abgeordnetenhaus von Berlin durch eigene Staatsakte dem vom Bund formulierten Recht nur zur Anwendung in Berlin verhilft, ist das so entstehende Recht Gesamtstaatsrecht i. S. des Art. 31 GG, selbst dann, wenn man bei formeller Betrachtungsweise dem in Berlin geltenden Bundesrecht die Qualität von Landesrecht zubilligt (insoweit a. A. *Kreutzer*, JR 1951, 641 [642], bei der Beurteilung von Parallelrecht); denn die Akte des Landesgesetzgebers sind inhaltlich von denen des Bundesgesetzgebers abhängig, soweit eine Übernahmepflicht des Berliner Gesetzgebers besteht. Fehlt sie, läßt sich das rezipierte Recht nicht unter Art. 31 GG subsumieren.

Auch wenn man Art. 31 GG nicht in dieser Weise auslegen könnte, käme man zum gleichen Ergebnis; denn der Berliner Verfassungsgeber hat von sich aus mit der Rezeption des Grundgesetzes einschließlich des Art. 31 GG und der Unterwerfung unter dieses Grundgesetz, Art. 87 III 1, 2 BV, sowie dem Gebot des Art. 87 IV BV für seinen Bereich angeordnet, daß Berlin so tun soll, *als ob* es Teil der Bundesrepublik sei, und damit zu erkennen gegeben, daß vom Bund erlassenes Recht, sofern es in Berlin anwendbar ist, auch dort Vorrang hat. Schließlich besteht der Sinn des Art. 87 II BV, der die Übernahme von Bundesrecht nach Berlin ermöglicht, darin, während der Übergangszeit (Art. 87 I BV) weitestmöglich denselben Zustand herzustellen, der bestehen würde, wenn Art. 1 III BV anwendbar wäre. Im Ergebnis ebenso OVG Berlin Bd. 4 S. 170 (171). Im einzelnen abweichend *Czermak*, Stellung Berlins, 99.

[42] Gegen sie lassen sich Bedenken aus Art. 100 III GG herleiten; denn diese Vorschrift geht, wie es scheint, davon aus, daß auch die Landesverfassungsgerichte das Grundgesetz als Prüfungsmaßstab verwenden; so OVG Lüneburg AS 2, 157 (167). In der Literatur freilich werden abweichende Ansichten zur Auslegung des Art. 100 III GG vertreten; *Friesenhahn*, Referat, 13; *Kratzer*, Laforet-Festschrift, 138 f.; *Lechner*, Grundrechte III/2, 686 sub 2; *v. Mangoldt*, DÖV 1950, 569 (571); stark differenzierend *Stern*, BGG, Art. 100 Rdnr. 268 ff.

[43] Art. 123 ff. GG.

oder ob die an sich vorhandene Zentrale partikulär funktionsunfähig ist, macht hierbei keinen Unterschied.

Hiernach ist Berlin nicht nur nicht gehindert, die Zuständigkeiten des Bundesverfassungsgerichts ersatzweise wahrzunehmen, sondern dazu sogar verpflichtet, wenn es seine Mitgliedschaft im Bunde ernst nehmen will. Es kann also keine Rede davon sein, daß Berlin mit der ersatzweisen Übertragung der Zuständigkeiten des Bundesverfassungsgerichts aus der Verfassungsordnung des Bundes „herausgedrängt" werden würde[44], sondern es verschafft ihr mit dieser Maßnahme gerade erst Effektivität, indem es die vom Grundgesetz durch Art. 100 I GG vorgenommene Regelung und die darin zum Ausdruck gelangte Bewertung des richterlichen Prüfungsrechts realisiert[45].

III. Die Gesetzgebungskompetenz Berlins

Schließlich ist zweifelhaft, ob und inwieweit der Berliner Gesetzgeber zu einer solchen Maßnahme kompetent wäre.

Gegen diese Kompetenz bestehen nur Bedenken, wenn Kompetenznormen des Grundgesetzes in Berlin gelten. Das ist aber nicht der Fall, weil die Kompetenznormen des Grundgesetzes zugunsten des Bundesgesetzgebers die Ausübung von Staatsgewalt des Bundes in Berlin regeln und daher dort außer Anwendung bleiben müssen[46].

Der Gesichtspunkt der Bundestreue[47] greift ebenfalls nicht durch. Wenn, wie zuvor ausgeführt, die Ersatzzuständigkeit des Berliner Verfassungsgerichts mangels eines Wirksamwerdens des Bundesverfassungsgerichts für Berlin gerade dazu führt, daß die vom Grundgesetz vorgenommene Bewertung des richterlichen Prüfungsrechts realisiert wird, dann stellt die Untätigkeit Berlins bei der Einrichtung des Verfassungsgerichts eher einen Verstoß gegen den Grundsatz der Bundestreue dar als umgekehrt.

IV. Die Herstellung der Rechtsprechungseinheit

Die Übertragung der dem Bundesverfassungsgericht nach Art. 100 I GG zustehenden Kompetenzen auf den Verfassungsgerichtshof hat aber nur dann Sinn, wenn die Entscheidungen des Verfassungsgerichtshofs die gleichen oder zumindest sehr ähnliche Wirkungen wie die Entscheidungen des Bundesverfassungsgerichts entfalten; sie müssen also dazu

---

[44] So aber die Denkschrift des Senats, Abgh-Drs. II/1759 S. 4; *Stern*, DVBl. 1963, 696 (699 zu Anm. 39). Ähnlich die Begründung des FDP-Entwurfs betr. Gesetz zur Änderung der Verfassung von Berlin, Abgh.-Drs. IV/732 S. 4.

[45] Das übersieht *Czermak*, Stellung Berlins, 132. Wie hier *Finkelnburg*, JR 1965, 361 (364 f.).

[46] Vgl. oben S. 57.

[47] Vgl. oben S. 57.

beitragen, die Mängel der de lege lata bestehenden Ersatzzuständigkeiten zu beheben. Hier hatte sich als wichtigster Mangel die fehlende Allgemeinverbindlichkeit der Normenkontrollentscheidung herausgestellt. Es ist aber zudem zu beachten, daß auch Divergenzen zwischen dem Berliner Verfassungsgerichtshof und dem Bundesverfassungsgericht auftreten können.

(1) Daß Bundesgerichte an die Entscheidungen des Verfassungsgerichtshofs gebunden werden können, wird vom Senat von Berlin bestritten[48], indem er behauptet, daß die Bundesgerichte trotz der Entscheidung des Verfassungsgerichtshofs über die Vereinbarkeit von Landesrecht mit dem Grundgesetz oder einem Bundesgesetz die Bundesgrundrechte und Bundesgesetze weiterhin interpretieren und anwenden können.

Durch die Allgemeinverbindlichkeit der Entscheidungen des Verfassungsgerichtshofs wird aber diese Befugnis nicht berührt; denn die Gesetzeskraft seiner Entscheidung bezieht sich nur auf den Urteilstenor. Dort wird aber lediglich ausgesprochen, daß eine Norm mit einer anderen vereinbar oder unvereinbar ist. Eine darüber hinausgehende Beschränkung der Intrepretationsmöglichkeit des Prüfungsmaßstabes ergibt sich hieraus nicht.

Problematisch ist in diesem Zusammenhang lediglich eine Entscheidung des Verfassungsgerichtshofs, durch die im Wege der verfassungskonformen Auslegung die Gültigkeit eines in Berlin geltenden Gesetzes bestätigt wird. Das Problem entsteht jedoch nur dann, wenn man entgegen der herrschenden Meinung[49] es für zulässig erachtet, daß das Verfassungsgericht seine Aussage zur Gesetzesauslegung mit in die Entscheidungsformel aufnimmt. Folgt man der Mindermeinung, so würde jedoch die Wirkung einer landesrechtlichen Regelung, die § 31 BVerfGG entspräche, auf Berlin beschränkt bleiben: Eine Bindung der Bundesgerichte würde nur insoweit bestehen, als sie das verfassungskonform ausgelegte Gesetz als Organ für die Berliner Rechtsordnung anwenden.

Soll die Zuständigkeit des Verfassungsgerichtshofs effektiv sein, so müßte eine Vorlagepflicht der Bundesgerichte an den Verfassungsgerichtshof gesetzlich normiert werden. Auch hiergegen bestehen keine Bedenken, sofern sich die Vorlagepflicht auf die Tätigkeit von Bundesgerichten beschränkt, die sie für die Berliner Rechtsordnung vornehmen. Bundesgerichte könnten daher nur als Revisionsgerichte über Berliner Gerichte[50] zur Vorlage verpflichtet werden.

---

[48] Denkschrift des Senats von Berlin, Abgh-Drs. II/1759 S. 4; a. A. H. J. *Müller*, DVBl. 1962, 158 (165); vgl. auch BVerwGE 19, 252 (255).

[49] Vgl. die Nachweise bei *Burmeister*, Verfassungsorientierung, 114 ff.

[50] Diese dürften aber nicht für die Bundesrechtsordnung tätig sein.

(2) Zur Wahrung der Rechtsprechungseinheit zwischen dem Bundesverfassungsgericht und den Landesverfassungsgerichten dient Art. 100 III GG. Diese Bestimmung kann jedoch zur Herstellung der Rechtsprechungseinheit zwischen dem Bundesverfassungsgericht und dem Berliner Verfassungsgerichtshof nicht dienen; denn eine Entscheidung des Bundesverfassungsgerichts auf Vorlage des Verfassungsgerichtshofs stellt aus denselben Gründen eine Verletzung der alliierten Vorbehalte dar wie auf Vorlage nach Art. 100 I GG. Zudem würde Art. 100 III schon tatbestandsmäßig nicht eingreifen können, wenn die Divergenz in der Weise entsteht, daß das Bundesverfassungsgericht von einer Entscheidung des Landesverfassungsgerichts abweicht.

Für gesetzgeberische Maßnahmen sind zwei Möglichkeiten der Divergenz zu unterscheiden, jenachdem ob das Bundesverfassungsgericht oder der Berliner Verfassungsgerichtshof zuerst entschieden hat. Geht die Entscheidung des Bundesverfassungsgerichts voran, so läßt sich ein Abweichen der nachfolgenden Berliner Entscheidung nur vermeiden, wenn der Berliner Verfassungsgerichtshof an die Entscheidungen des Bundesverfassungsgerichts gebunden wird[51]. Eine solche Bindung des Berliner Verfassungsgerichtshofs ist aber nur eine Form der Bindung, wie sie oben in § 21[52] vorgeschlagen wurde. Ihr begegnen daher die entsprechenden Bedenken.

Hat der Berliner Verfassungsgerichtshof zuerst entschieden und weicht das Bundesverfassungsgericht von dieser Entscheidung im Hinblick auf die Auslegung des Grundgesetzes ab, so entsteht das Problem, ob und gegebenenfalls wie die Gesetzeskraft des Spruches des Landesverfassungsgerichts beseitigt werden soll. Dies ließe sich nur durch ein besonderes Wiederaufnahmeverfahren bewerkstelligen[53]. Ob man diese Maßnahme befürwortet, ist eine rechtspolitische Entscheidung von großer Tragweite; denn die mit *Gesetzeskraft* ergangene Entscheidung des Verfassungsgerichtshofs wäre hinfällig und allen darauf basierenden Akten die Grundlage entzogen — der Rechtssicherheit wäre ein schlechter Dienst erwiesen. Eine Lösung dieses Widerspruchs zwischen Rechtssicherheit und Rechtsprechungseinheit ist Aufgabe der politischen Instanzen.

---

[51] Vgl. § 39 I des CDU-Entwurfs zu einem Berliner Gesetz über den Verfassungsgerichtshof, Abgh-Drs. IV/663: „Bei der Auslegung des GG darf der Verfassungsgerichtshof von den Entscheidungen des Bundesverfassungsgerichts nicht abweichen." Diese Bestimmung gilt nur für die abstrakte Normenkontrolle Berliner Landesrechts.

[52] Vgl. oben S. 102 ff.

[53] Zur Wiederaufnahme bei der Verfassungsbeschwerde vgl. *Stern*, DVBl. 1963, 696 (701); dagegen *Rudolph*, DVBl. 1964, 251 (254). Vgl. ferner § 54 FDP-Entwurf zu einem Berliner Gesetz über den Verfassungsgerichtshof, Abgh-Drs. IV/733. § 39 II des Entwurfs, den die CDU vorgelegt hat (Abgh-Drs. IV/663), sieht dagegen eine Wiederaufnahme bei der abstrakten Normenkontrolle vor.

Thesen

ERSTER TEIL

I. (1) Art. 64 BV verbietet dem Richter die Überprüfung der Rechtmäßigkeit und Gültigkeit von nachkonstitutionellen formellen Gesetzen Berlins.

(2) Vom Prüfungsverbot wird auch die Verfassung von Berlin erfaßt.

(3) Das in Berlin geltende Bundesrecht unterliegt dem Prüfungsverbot nur insoweit, als das Mantelgesetz nicht auf seine Vereinbarkeit mit §§ 12, 13 und 15 des 3. ÜLG überprüft werden darf. Im übrigen, namentlich für den vom Bund formulierten Gesetzestext (Anlage des Mantelgesetzes), besteht das Prüfungsverbot des Art. 64 II BV nicht.

Das nicht im Verfahren nach dem Dritten Überleitungsgesetz übernommene Bundesrecht ist nicht überprüfbar, wenn seinerzeit keine Pflicht Berlins zur Übernahme bestand. Ist eine solche Übernahmepflicht anzunehmen, so darf die Zulässigkeit des Übernahmeverfahrens nicht überprüft werden.

(4) Adressat des richterlichen Prüfungsverbotes sind die Gerichte Berlins, nicht die Gerichte des Bundes.

(5) Das Verbot der Prüfung umfaßt auch das Verbot der Vorlage an das Bundesverfassungsgericht.

II. Art. 85 BV entzog dem richterlichen Prüfungsrecht für die Dauer der ersten Wahlperiode des Abgeordnetenhauses vorkonstitutionelles Landesrecht. Die Vorschrift ist heute obsolet.

III. (1) Die Anwendbarkeit des Art. 64 II BV ist nicht dadurch gehemmt, daß der in Art. 72 BV vorgesehene Verfassungsgerichtshof noch nicht errichtet ist.

(2) Art. 64 II BV verstößt nicht gegen Art. 23 I BV.

(3) Art. 64 II BV widerspricht aber dem vom Grundgesetz anerkannten richterlichen Prüfungsrecht und den Kompetenzvorschriften der Art. 72 I, 74 Nr. 1 GG („gerichtliches Verfahren").

IV. Der Widerspruch ist jedoch nur beachtlich, wenn insoweit das Grundgesetz in Berlin mit Vorrang vor der Verfassung von Berlin gilt. Das Grundgesetz ist in Berlin anwendbar, soweit es nicht die Ausübung von Bundesstaatsgewalt in Berlin voraussetzt oder ermöglicht. Dies gilt auch, wenn man von der Nichtzugehörigkeit Berlins zur Bundesrepublik ausgeht, in welchem Falle allerdings die Geltung des Grundgesetzes in Berlin ausschließlich auf dem Verfassungswillen Berlins (Art. 87 III BV) beruht.

V. (1) Das richterliche Prüfungsrecht des Grundgesetzes gilt auf jeden Fall kraft Art. 87 III der Berliner Landesverfassung in Berlin. Gegen seine Geltung kraft Bundesverfassungsrechts besteht das Bedenken, daß möglicherweise auch der Bundes*verfassung*geber dem alliierten Vorbehalt zum Grundgesetz unterliegt.

(2) Hingegen können Art. 72 I, 74 Nr. 1 GG in Berlin keine Geltung beanspruchen, weil sie dem Bundesgesetzgeber Kompetenzen einräumen. Geht man von der Zugehörigkeit Berlins zum Bund aus, verbietet jedoch der Grundsatz der Bundestreue Berlin, seine Kompetenz entgegen den Regeln des Grundgesetzgebers über das richterliche Prüfungsrecht auszuüben.

VI. (1) Das kraft Art. 87 III BV rezipierte Grundgesetz gilt mit Vorrang vor der Verfassung von Berlin, Art. 87 III 2 BV.

(2) Der Vorrang des Grundgesetzes ergibt sich auch aus Art. 31 GG; denn diese Vorschrift ist anwendbar, soweit die vorrangige Norm des Bundesrechts nicht den alliierten Vorbehalten widerspricht.

(3) Infolgedessen ist Art. 64 II BV wegen Verstoßes gegen vorrangiges Recht nichtig.

ZWEITER TEIL

VII. Mit der Bejahung des richterlichen Prüfungsrechts in Berlin wird die Frage nach der in Art. 100 I GG vorgesehenen Zuständigkeit des Bundesverfassungsgerichts (Verwerfungsmonopol) akut.

(1) Nach dem Vorbehalt der Alliierten Kommandantur zur Verfassung von Berlin besteht die Zuständigkeit nicht, weil Berlin hiernach kein Land der Bundesrepublik ist.

(2) Da der Vorbehalt der Militärgouverneure zum Grundgesetz nach deutscher Auffassung die Zugehörigkeit Berlins zum Bund nicht ausschließt, kommt es für die Zuständigkeit des Bundesverfassungsgerichtes auf die Auslegung von to govern an. Obwohl to govern auch eine Deutung zuläßt, die die Tätigkeit des Bundesverfassungsgerichts nach Art. 100 I GG nicht erfaßt, haben die Alliierten das Wort im weitesten Sinn verwendet.

(3) Aus § 106 BVerfGG läßt sich keine Einschränkung des alliierten Vorbehaltes herleiten.

VIII. Für die Theorie von der Zugehörigkeit Berlins zur Bundesrepublik und für die Theorie von der Nichtzugehörigkeit stellt sich gleichermaßen die Frage nach dem Inhalt und den Wirkungen der alliierten Vorbehalte.

(1) Diese Frage ist nach den völkerrechtlichen Grundsätzen über die Grenzen der Gebietshoheit zu beantworten.

(2) Hierbei kann man entweder auf die Qualität der zu prüfenden Norm (materielle Akzessorietätstheorie) oder auf die Qualität der die Vorlage- und Aussetzungspflicht begründenden Norm (formelle Akzessorietätstheorie) abstellen.

(3) Nach der materiellen Akzessorietätstheorie ist dem Bundesverfassungsgericht die Überprüfung des Berliner Landesrechts und des in Berlin geltenden Bundesrechts untersagt.

(4) Zur Feststellung dessen, ob im Einzelfall Bundesrecht als solches oder in Berlin geltendes Bundesrecht angewandt wird, kommt es darauf an, welche Verknüpfungen der Sachverhalt zu Berlin oder dem Bundesgebiet aufweist.

a) Im Falle der ausschließlichen Verknüpfung aller wesentlichen Sachverhaltselemente mit Berlin ist in Berlin geltendes Bundesrecht anwendbar, wie umgekehrt im Falle der ausschließlichen Verknüpfung des Sachverhalts mit dem Bundesgebiet Bundesrecht als solches anwendbar ist.

b) Im Falle der doppelten Verknüpfung wird Bundesrecht als solches angewandt, wenn der Rechtsanwender ein Bundesorgan ist, hingegen in Berlin geltendes Bundesrecht, wenn der Sachverhalt von einem Berliner Organ geregelt werden soll.

(5) Nach der formellen Akzessorietätstheorie ist für Berliner Gerichte eine Vorlage zum Bundesverfassungsgericht mangels einer für sie geltenden Verfahrensnorm unzulässig.

(6) Wird ein (Bundes- oder ein Berliner) Organ nicht für seine „eigene“, sondern für die ihm „fremde“ Rechtsordnung tätig, so ist es insoweit als Organ der „fremden“ Rechtsordnung zu behandeln.

(7) Tätigkeit für eine „fremde“ Rechtsordnung liegt vor, wenn die betreffende Tätigkeit ausschließlich dem Träger der „fremden“ Gebietshoheit vorbehalten ist.

(8) Eine zulässigerweise oder unzulässigerweise ergangene Normenkontrollentscheidung des Bundesverfassungsgerichts berührt das in Berlin geltende Bundesrecht nicht bzw. vermag die für die Berliner Rechtsordnung tätigen Organe nicht zu binden.

DRITTER TEIL

IX. Wegen der alliierten Vorbehalte besteht die Gefahr widersprechender Entscheidungen über die Gültigkeit von Normen.

(1) Die im geltenden Prozeßrecht vorgesehenen Rechtsmittel sichern bei Normenkontrollen nur beschränkt die Rechtseinheit, weil sie widersprechende Entscheidungen bereits zwischen Senaten desselben obersten Gerichtshofs des Bundes nicht verhindern können.

(2) Auch die sogenannten Vorlageverfahren wirken nur beschränkt rechtsvereinheitlichend, weil sie Divergenzen zwischen den Gerichten verschiedener Rechtswege ausschließen.

(3) Die Aussetzung eines Verfahrens, bis das Bundesverfassungsgericht in einer anderen Sache über die Gültigkeit der in beiden Prozessen streitigen Norm entschieden hat, steht nur im Ermessen des Gerichts und ist auch nach überwiegender Meinung unzulässig.

X. De lege ferenda könnte Berlin die für das Bundesgebiet ergehenden Normenkontrollentscheidungen des Bundesverfassungsgerichts durch Landesgesetz auch für das in Berlin geltende Bundesrecht für verbindlich erklären, wenn dem die Besatzungsmächte nicht ausdrücklich widersprechen.

XI. (1) Bei der Errichtung eines Berliner Verfassungsgerichtshofs bestehen de lege ferenda keine Bedenken gegen dessen Zuständigkeit zur Überprüfung des in Berlin geltenden Rechts einschließlich des in Berlin geltenden Bundesrechts.

(2) Bundesgerichte können jedoch nur, soweit sie als Organe für die Berliner Rechtsordnung tätig sind, zur Vorlage an den Berliner Verfassungsgerichtshof verpflichtet werden.

(3) Da Art. 100 Abs. III GG ebensowenig wie Abs. I in Berlin anwendbar ist, können Divergenzen zwischen dem Landesverfassungsgericht nur de lege ferenda verhindert werden.

(a) Zum einen kann eine Bindung des Landesverfassungsgerichts durch Landesgesetz hergestellt werden (s. o. X).

(b) Zum anderen müßte die Wiederaufnahme des Verfahrens angeordnet werden, wenn die divergierende Entscheidung des Bundesverfassungsgerichts der des Landesverfassungsgerichts nachfolgt. Hiergegen bestehen Bedenken unter dem Gesichtspunkt der Rechtssicherheit.

Literaturverzeichnis

Aiyer-Mitra: Manual of Law terms and phrases, 5th ed., 1964.

Apelt, Willibalt: Erstreckt sich das richterliche Prüfungsrecht auf Verfassungsnormen? NJW 1952, 1.

— Verfassung und richterliches Prüfungsrecht, JZ 1954, 401.

Arndt, Adolf: Nochmals: Welche Folge hat die Verfassungswidrigkeit eines Gesetzes für einen darauf gestützten Verwaltungsakt? — Angebliche Rückwirkung verfassungsgerichtlicher Entscheidungen, NJW 1959, 2145.

— Vollstreckbarkeit verfassungswidriger (Steuer-)Gesetze? BB 1959, 533.

Bachof, Otto: Anmerkung zum Beschluß des Bundesverfassungsgerichts vom 19. 2. 1957 — 1 BvL 13/54 (BVerfGE 6, 222), DÖV 1957, 715.

— Anmerkung zu BVerfGE 3, 225, DÖV 1954, 121.

— Verfassungswidrige Verfassungsnormen? (Recht und Staat 163/164), 1951.

— Zum richterlichen Prüfungsrecht gegenüber Verfassungsnormen, NJW 1952, 242.

— Zur Auslegung des Art. 100 Abs. 1 GG, DVBl. 1951, 13.

Bachof-Jesch: Die Rechtsprechung der Landesverfassungsgerichte in der Bundesrepublik Deutschland, JböR NF 6, 47.

Batiffol, Henri: Droit international privé, Quatrième édition, 1967.

Baumbach-Lauterbach: Zivilprozeßordnung mit Gerichtsverfassungsgesetz und anderen Nebengesetzen, 29. Auflage, 1966.

Benner, Jürgen: Zuständigkeitsverteilung auf Gemeindedirektor und Rat in Nordrhein-Westfalen, 1962.

Berber, Friedrich: Lehrbuch des Völkerrechts, 1. Band, 1960.

Bettermann, Karl August: Anmerkung zu BVerwG NJW 1960, 979 = DVBl. 1960, 364, NJW 1961, 44.

— Difformitätsprinzip und neuer Beschwerdegrund, ZZP 77 (1964), 3.

— Der Schutz der Grundrechte in der ordentlichen Gerichtsbarkeit, in: Die Grundrechte, hrsg. von Bettermann-Nipperdey-Scheuner, 3. Band, 2. Halbband, 1959, S. 779.

— Die Unabhängigkeit der Gerichte und der gesetzliche Richter, in: Die Grundrechte, hrsg. von Bettermann-Nipperdey-Scheuner, 3. Band 2. Halbband, 1959, S. 523.

— Über richterliche Normenkontrolle, ZZP 72 (1959), 32.

— Zur Verfassungsbeschwerde gegen Gesetze und zum Rechtsschutz des Bürgers gegen Rechtsetzungsakte der öffentlichen Gewalt, AöR 86 (1961), 129.

Betti, Emilio: Grundprobleme des Internationalen Privatrechts, in: Ius et lex, Festgabe zum 70. Geburtstag von Max Gutzwiller, 1959, S. 233.

Beyer, Wilhelm Raimund: Die Sonderstellung West-Berlins, NJW 1967, 1791.

Black, Henry Campbell: Law Dictionary, 4th ed., 1951.

Bley, Erich: Grenzen der Wiedergutmachungspflicht privater Arbeitgeber nach dem Berliner Entschädigungsgesetz, JR 1953, 37.

Blomeyer-Wengler: [Rechtsgutachten für den Verfassungsausschuß des Abgeordnetenhauses von Berlin] vom 28. Oktober 1954, unveröffentlicht.

Böckenförde, Christoph: Die sogenannte Nichtigkeit verfassungswidriger Gesetze, 1966.

Böhm, Dietrich: Anmerkung zu BVerfGE 19, 377, DVBl. 1966, 373.

— Anmerkung zu den Urteilen des KG vom 26. 2. 1964 — 8 U 1241/63 — und des LG Berlin vom 19. 8. 1964 — 83 T 362 und 400/64 — (beide veröffentlicht in DVBl. 1965, 653), DVBl. 1965, 653.

— Berliner Verfassung, Grundgesetz und Besatzungsmacht unter besonderer Berücksichtigung der Probleme der Verfassungsgerichtsbarkeit in und für Berlin, Kölner Jur. Diss., 1966.

— Nochmals: Kompetenzen des BVerfG für Berlin, JR 1964, 121.

Bogs, Walter: Zuständigkeit des Bundesverfassungsgerichts bei verfassungskonformer Auslegung von Gesetzen? SGb 1961, 33.

— Nochmals: Verfassungskonforme Auslegung von Gesetzen und Zuständigkeit der Großen Senate, SGb 1961, 354.

Brandt, Helmut: Herrschaftsordnung und Selbstverwaltung im viergeteilten Groß-Berlin, in: Gedächtnisschrift Hans Peters, 1967, S. 445.

Brandt—Uhlitz—Korber: Von Bonn nach Berlin, 1957.

Bryce, James: The American Commonwealth, 2 Vol., 2nd ed., 1891.

Burmeister, Joachim: Die Verfassungsorientierung der Gesetzesauslegung, 1966.

Carbone, Sergio M.: Sul controllo di costituzionalità della norma straniera richiamata, Rivista di diritto internazionale privato e processuale 1 (1965), 685.

Castberg, Frede: Verfassungsgerichtsbarkeit in Norwegen und Dänemark, in: Verfassungsgerichtsbarkeit in der Gegenwart, 1962, S. 417.

Czermak, Jan Michael: Die Stellung Berlins in der Rechts-, Gerichts- und Finanzordnung der Bundesrepublik Deutschland, Bonner Jur. Diss., 1967.

Dahm, Georg: Völkerrecht, 3 Bände, 1958—1961.

A *Dictionary* of American English on Historical Principles, Vol. 2, 1959.

The Oxford English *Dictionary*, Volume IV F—G, 1933.

Dölle, Hans: Zur Problematik mehrsprachiger Gesetzes- und Vertragstexte, RabelsZ 26 (1961), 4.

Dokumente zur Berlin-Frage 1944—1962 (hrsg. vom Forschungsinstitut der Deutschen Gesellschaft für Auswärtige Politik e. V., Bonn, in Zusammenarbeit mit dem Senat von Berlin), 2. Auflage, 1962.

Drath, Martin: Berlin und Bonn — Die Rechtsstellung Berlins in der Bundesrepublik, JR 1951, 385.

— Die staatsrechtliche Stellung Berlins, AöR 82 (1957), 27.

Duverger, Maurice: Institutions politiques et droit constitutionnel, sixième édition, 1962.

Dux, Günter: Bundesrat und Bundesaufsicht, 1963.

Ehmke, Horst: „Staat" und „Gesellschaft" als verfassungstheoretisches Problem, in: Staatsverfassung und Kirchenordnung (Festgabe für Rudolf Smend zum 80. Geburtstag), 1962, S. 23.

Engelhardt, Dieter: Das richterliche Prüfungsrecht im modernen Verfassungsstaat, JböR NF 8, 101.

Eyermann-Fröhler: Verwaltungsgerichtsordnung, 4. Auflage, 1965.

Ferguson-McHenry: The American system of government, 1st ed., 1947.

Ferid, Murad: Wechselbeziehungen zwischen Verfassungsrecht und Kollisionsnormen, in: Vom deutschen zum europäischen Recht (Festschrift für Hans Dölle), Bd. II, 1963, S. 119.

Finkelnburg, Klaus: Zum Entwurf eines Gesetzes über den Verfassungsgerichtshof von Berlin, JR 1965, 361.

— Die Rechtsstellung Berlins im Bund, JuS 1967, 542; 1968, 10, 58.

Fleiner-Giacometti: Schweizerisches Bundesstaatsrecht, 1949.

Friesenhahn, Ernst: Die Verfassungsgerichtsbarkeit in der Bundesrepublik Deutschland, in: Verfassungsgerichtsbarkeit in der Gegenwart, 1962, S. 89.

— Zum Verhältnis von Bundes- und Landesverfassungsgerichtsbarkeit (Referat für die Konferenz der Präsidenten und Vizepräsidenten der Landesverfassungsgerichte mit den Mitgliedern des Bundesverfassungsgerichts am 20. April 1956 in Karlsruhe).

v. d. Gablentz, O. M.: Documents on the Status of Berlin, 1959.

Granow, Hans Ulrich: Verfassungsgerichtsbarkeit in der Republik Südafrika, in: Verfassungsgerichtsbarkeit in der Gegenwart, 1962, S. 527.

Grosskreutz, Peter: Normwidersprüche im Verfassungsrecht, 1966.

Grossmann, R. H.: Die staats- und rechtsideologischen Grundlagen der Verfassungsgerichtsbarkeit in den Vereinigten Staaten von Amerika und in der Schweiz, 1948.

Guggenheim, Paul: Lehrbuch des Völkerrechts, Band I 1948, Band II 1951.

Gutzwiller, Max: Geltungsbereich und Anwendungsbereich der Gesetze, in: Festgabe Ulrich Lampert, 1925, S. 162.

Gwyn, W. B.: The Meaning of the Separation of Powers, 1965.

Hahl, Peter: Die Bundesaufsicht durch den Bundesrat, Münchener Jur.Diss., 1964.

v. Hammerstein, Christian: Das Verhältnis von Bundes- und Landesverfassungsgerichtsbarkeit, Göttinger Jur.Diss., 1960.

Hanack, Ernst-Walter: Der Ausgleich divergierender Entscheidungen in der oberen Gerichtsbarkeit, 1962.

Heidelmeyer, Wolfgang: „Mutmaßungen über Berlin", EA 1965, 711.

Hennig, Walter: Zur Entscheidung des Bundessozialgerichts über die Mitwirkung aktiver Versorgungsbeamter als ehrenamtliche Richter in der Sozialgerichtsbarkeit, SGb 1960, 322.

— Verfassungskonforme Auslegung von Gesetzen und Zuständigkeit des Bundesverfassungsgerichts, SGb 1961, 353.

Hesse, Konrad: Der Rechtsschutz durch staatliche Gerichte im kirchlichen Bereich, 1956.

Hesse, Konrad: Der Rechtsstaat im Verfassungssystem des Grundgesetzes, in: Staatsverfassung und Kirchenordnung (Festgabe für Rudolf Smend zum 80. Geburtstag), 1962, S. 71.

v. Hippel, Ernst: Das richterliche Prüfungsrecht, in: Anschütz-Thoma, Handbuch des Deutschen Staatsrechts, 2. Band, 1932, S. 546.

Hoffmann, Gerhard: Die Verwaltung und das verfassungswidrige Gesetz, JZ 1961, 193.

Hyde, Charles Cheney: International Law, 3 Vol., 2nd ed., 1947.

Ipsen, Hans Peter: Grundgesetz und richterliche Prüfungszuständigkeit, DV 1949, 486.

Jaenicke, Günther: Der Abbau der Kontrollratsgesetzgebung, 1952.

Jennings, R. Y.: Government in Commission, The British Year Book of International Law 23 (1946), 112.

Jowitt-Walsh: The Dictionary of English law, 2 Vol., 1959.

Kalkbrenner, Helmut: Verfassungswidrige Rechtsverordnungen im gerichtlichen Verfahren, DVBl. 1962, 695.

Kastari, Paavo: Verfassungsgerichtsbarkeit in Finnland, in: Verfassungsgerichtsbarkeit in der Gegenwart, 1962, S. 198.

Kegel, Gerhard: Internationales Privatrecht, 2. Auflage, 1964.

Kleefisch, Karl: Die rechtliche Bedeutung der Berlin-Klausel in Bundesgesetzen, Kölner Jur. Diss., 1954.

Kleinrahm, Kurt: Das richterliche Prüfungsrecht bei Rechtsverordnungen, DVBl. 1950, 298.

Knoll, Ernst: Berlin und das Bundesverfassungsgericht, JR 1963, 361.

Kommentar zum Bonner Grundgesetz (Bonner Kommentar), Loseblattsammlung, 1950 ff. (Stand: 19. Lieferung, Dezember 1967).

Kratzer, Jakob: Artikel 142 des Grundgesetzes und die Grundrechte in der Bayerischen Verfassung, in: Verfassung und Verwaltung in Theorie und Wirklichkeit (Festschrift für Laforet), 1952, S. 107.

Kreutzer, Heinz: Berlin im Bund, ZtfPol. NF 1 (1954), 139.

— Die Geltung von Bundesrecht in Berlin — Zur Auslegung des Artikel 87 der Verfassung von Berlin, JR 1951, 641.

— Das öffentliche Recht in Berlin, DÖV 1955, 11.

— West-Berlin — Stadt und Land, in: Berlin — Brennpunkt deutschen Schicksals, 1960, S. 55.

Kröger, Herbert: Zu einigen Fragen des staatsrechtlichen Status von Berlin, DAP 1958, 10.

Krüger, Herbert: Allgemeine Staatslehre, 1964.

— Zur Auslegung des Artikels 131 des Bonner Grundgesetzes, NJW 1950, 161.

Krüger, Hildegard: Revisibilität des von Berlin als Landesrecht übernommenen Bundesrechts, NJW 1954, 1393.

Landsberg-Goetz: Verfassung von Berlin vom 1. September 1950, 1951.

Lechner, Hans: Bundesverfassungsgerichtsgesetz, 2. Auflage, 1967.

— Siehe Wintrich-Lechner.

Legien, R.: Die Viermächtevereinbarungen über Berlin — Ersatzlösungen für den Status quo? 2. Auflage, 1961.

Leibholz, Gerhard: Strukturprobleme der modernen Demokratie, 1958.

Leisner, Walter: Verfassungswidrigkeit ausländischer Rechtsnormen, BayVBl. 1957, 108.

Lerche, Peter: „Berliner Sachen" als verfassungsprozessualer Begriff, in: Die moderne Demokratie und ihr Recht (Festschrift für Gerhard Leibholz zum 65. Geburtstag), 2. Band, 1966, S. 465.

— Föderalismus als nationales Ordnungsprinzip, VVDStRL 21, 66.

Lindner, Gerhard: Die widerrechtliche Besetzung West-Berlins, DAP 1959, 231.

Lipstein, K.: Recognition of governments and the application of foreign laws, Transactions of the Grotius Society 35 (1950), 157.

Löwe-Rosenberg: Die Strafprozeßordnung und das Gerichtsverfassungsgesetz, 21. Auflage, 1. Band, 1963; 2. Band, 1965.

Lush, C. D.: The Relationship between Berlin and the Federal Republic of Germany, The International and comparative Law Quarterly 14 (1965), 742.

Mai, Wilhelm: Die verfassungsrechtliche Lage Bundesrepublik Deutschland — Berlin, unter besonderer Berücksichtigung der Abgrenzung zwischen der Regierungs- und der Verwaltungstätigkeit der Bundesorgane in bezug auf das Land Berlin, Würzburger Jur. Diss., 1958.

Makarov, Alexander N.: Zur Auslegung mehrsprachiger Staatsverträge, in: Recueil d'études de droit international, En hommage à Paul Guggenheim, 1968, S. 403.

Mallmann, Walter: Die Sanktion im Gesetzgebungsverfahren, 1938.

Mampel, Siegfried: Der Sowjetsektor von Berlin, 1963.

Mang-Maunz-Mayer-Obermayer: Staats- und Verwaltungsrecht in Bayern, 1962.

v. Mangoldt, Hermann: Die Wahltaktik der schleswig-holsteinischen Landesregierung und das Lüneburger Oberverwaltungsgericht, DÖV 1950, 569.

— Das Bonner Grundgesetz, 1953.

v. Mangoldt-Klein: Das Bonner Grundgesetz, 2. Auflage, 1. Band, 1957; 2. Band, 1964.

Mann, F. A.: Deutschlands Rechtslage 1947—1967, JZ 1967, 585, 617.

Maunz-Dürig-Herzog: Grundgesetz, Lieferung 1 bis 9: Band I (Art. 1—69), Band II (Art. 70 — Sachverzeichnis), 1968.

Maunz-Sigloch-Schmidt-Bleibtreu-Klein: Bundesverfassungsgerichtsgesetz, (Loseblattsammlung. Stand: 2. Lieferung 1967).

Maurer, Hartmut: Das richterliche Prüfungsrecht zur Zeit der Weimarer Verfassung, DÖV 1963, 683.

Maury, Jacques: Règles générales des conflits de lois, Recueil des cours 1936 III 325.

Mayer, Otto: Theorie des Französischen Verwaltungsrechts, 1886.

Menger, Christian-Friedrich: Landesrecht vor Bundesgerichten (Kieler Rechtswissenschaftliche Abhandlungen Nr. 1), 1962.

Miele, Mario: Diritto internazionale privato, 1966.

Monier, R.: Notes sur l'activité du Directoire juridique du Conseil de Controle de Berlin, Revue générale de droit international public 1946, 312.

Morelli, Gaetano: Controllo della costituzionalità di norme straniere, in: Scritti di diritto internazionale in onore di Tomaso Perassi, vol. secondo, 1957, S. 171.

— Elementi di diritto internazionale privato italiano, Ottava edizione, 1965.

Mosconi, Franco: Norme straniere e controllo di costituzionalità e di legittimà internazionale, Annali di diritto internazionale 1960 I 426.

Müller, Dierk (Bearb.): Die Anwendung ausländischen Rechts im internationalen Privatrecht, Festveranstaltung und Kolloquium anläßlich des 40jährigen Bestehens des Max-Planck-Instituts für ausländisches und internationales Privatrecht vom 6. bis 8. Juli 1966 in Hamburg, 1968.

Müller, Hanswerner: Das Bundesverfassungsgericht und Berlin, JR 1964, 54.

— Verfassungsbeschwerden an das Bundesverfassungsgericht in sogenannten Berliner Sachen, JR 1966, 378.

Müller, Horst Joachim: Verfassungswidrige Rechtsverordnungen im gerichtlichen Verfahren, DVBl. 1962, 158.

Müller-Sax: Kommentar zur Strafprozeßordnung und zum Gerichtsverfassungs- und Ordnungswidrigkeitengesetz, 2 Bände, 6. Auflage, 1966.

Munro, William Bennett: The government of the United States, 1927.

Nawiasky, Hans: Der Bundesstaat als Rechtsbegriff, 1920.

Nawiasky-Lechner: Ergänzungsband zu Nawiasky-Leusser, Die Verfassung des Freistaates Bayern vom 2. Dez. 1946, 1953.

Nawiasky-Leusser-Gerner-Schweiger-Zacher: Die Verfassung des Freistaates Bayern, 2. Auflage, 1. Grundlieferung 1964.

Neuhaus, Paul Heinrich: Die Grundbegriffe des Internationalen Privatrechts (Beiträge zum ausländischen und internationalen Privatrecht), 1962.

Neumayer, Karl H.: Fremdes Recht und Normenkontrolle, RabelsZ 23 (1958), 573.

Neumeyer, Karl: Internationales Verwaltungsrecht, 4. Band Allgemeiner Teil, 1936.

Niederer, Werner: Einführung in die allgemeinen Lehren des internationalen Privatrechts, 1954.

Nipperdey, H. C.: Die Würde des Menschen, in: Die Grundrechte, hrsg. von Neumann-Nipperdey-Scheuner, 2. Band, 1954, S. 1.

Nobleman, Eli E.: Quadripartite military government organisation and operations in Germany, AJIL 41 (1947), 650.

Nölting, Stefan: Der Bundeszwang, Göttinger Jur. Diss., 1956.

de *Nova*, R.: Legge straniera e controllo di costituzionalità, Foro padano 10 (1955) IV, 1.

— Urteilsanmerkung zu Tribunale di Roma vom 13. 9. 1954, Revue critique de droit international privé 47 (1958), 534.

Ogg-Ray: Introduction to American government, 10th ed., 1951.

Oppenheim-Lauterpacht: International Law, Vol. I 8th ed. 1955, Vol. II 7th ed. 1952.

Ossenbühl, Fritz: Die verfassungsrechtliche Zulässigkeit der Verweisung als Mittel der Gesetzgebungstechnik, DVBl. 1967, 401.

Peters-Sautter-Wolff: Kommentar zur Sozialgerichtsbarkeit, 3. Auflage, 1962 ff.

Plischke, Elmer: Berlin: Development of its government and administration, 1952.

— Government and Politics of Contemporary Berlin, 1963.

Prem, Daulat Ram: Judicial Dictionary, words and phrases judicially defined in India, England, U. S. A. and Australia, Vol. II, 1964.

Quadri, Rolando: Lezioni di diritto internazionale privato, Terza edizione, 1961.

Raape, Leo: Internationales Privatrecht, 5. Auflage, 1961.

Rädle, Hans: Die Beschränkung der Vorlagepflicht nach Art. 100 Abs. 1 GG auf förmliche Gesetze und die Grundlagen dieser Auslegung in kritischer Sicht, Heidelberger Jur. Diss., 1964.

Rauschning, Dietrich: Die Berlin-Frage im neueren Schrifttum, EA 1961, 663.

— Die Gesamtverfassung Deutschlands, 1962.

Riklin, Alois: Das Berlinproblem, 1964.

— Zur Frage der Gebietshoheit in Groß-Berlin, moderne welt 3 (1961/62), 81.

Rosenberg, Leo: Lehrbuch des deutschen Zivilprozeßrechts, 9. Auflage, 1961.

Ross, Alf: Lehrbuch des Völkerrechts, 1951.

Rottmann, Joachim: Der Viermächte-Status Berlins, 1959.

Ruck, Erwin: Schweizerisches Staatsrecht, 3. Auflage, 1957.

Rudolph, Wolfgang: Erneut: Probleme der Errichtung eines Verfassungsgerichts in Berlin, DVBl. 1964, 251.

Rupp, Hans Heinrich: Die Nichtigkeit eines verfassungswidrigen Gesetzes und die Entscheidungsfunktion des Bundesverfassungsgerichts, JuS 1963, 469.

Salmond-Williams: Jurisprudence, 10th ed., 1947.

Schack, Friedrich: Richterliche Textkritik und Prüfung der formellen Verfassungswidrigkeit, JIR 11 (1962), 383.

Scheuner, Ulrich: Begriff und Entwicklung des Rechtsstaats, in: Macht und Recht, 1956, S. 76.

— Der Bereich der Regierung, in: Rechtsprobleme in Staat und Kirche (Festschrift für Rudolf Smend zum 70. Geburtstag), 1952, S. 253.

— Besprechung von Bachof, Verfassungswidrige Verfassungsnormen, Tübingen, 1952, DÖV 1953, 126.

— Probleme und Verantwortungen der Verfassungsgerichtsbarkeit in der Bundesrepublik, DVBl. 1952, 293.

Schmidt, Eberhard: Lehrkommentar zur Strafprozeßordnung und zum Gerichtsverfassungsgesetz, 3 Teile; Teil I 2. Auflage, 1964; Teil II, 1957; Teil III, 1960.

Schmidt-Bleibtreu, Bruno: Zur Verfassungsbeschwerde in „Berliner Sachen“, NJW 1966, 1099.

— Nochmals: Zur Verfassungsbeschwerde in „Berliner Sachen“, NJW 1967, 763.

Schmidt-Bleibtreu-Klein: Kommentar zum Grundgesetz für die Bundesrepublik Deutschland, 1967.

v. Schmoller-Maier-Tobler: Handbuch des Besatzungsrechts, 1957.

Schröcker, Sebastian: Die Übernahme von Bundesrecht als Landesrecht, NJW 1967, 2285.

Schüssler, Hans: Die Zulässigkeit Berliner Verfassungsbeschwerden, NJW 1965, 845.

Schuster, Rudolf: Deutschlands staatliche Existenz im Widerstreit politischer und rechtlicher Gesichtspunkte 1945—1963 (Forschungsinstitut der Deutschen Gesellschaft für Auswärtige Politik e. V., Dokumente und Berichte Band 20), 1963.

Schwartz, Bernard: A Commentary on the constitution of the United States, 1963.

Schwarz, Andreas B.: La réception et l'assimilation des droits étrangers, in: Introduction à l'étude du droit comparé, Recueil d'Etudes en l'honneur d'Edouard Lambert, 1937, IV, S. 581.

— Das Schweizerische Zivilgesetzbuch in der ausländischen Rechtsentwicklung, 1950.

Schwartz-Kleinknecht: Strafprozeßordnung, 26. Auflage, 1966.

Schwarzenberger, Georg: A manual of International law, 5th ed., 1967.

Sendler, Horst: Anmerkung zu KG NJW 1966, 598, NJW 1966, 1756.

— Bundesrecht in Berlin — Zu einem Urteil des Oberverwaltungsgerichts Berlin, JR 1958, 81, 127.

Smend, Rudolf: Die politische Gewalt im Verfassungsstaat und das Problem der Staatsform, in: Festgabe der Berliner Juristischen Fakultät für Wilhelm Kahl, 1923, Teil III, S. 15.

Spannhake, Heino: Geltendes bremisches Verfassungsrecht unter vergleichender Berücksichtigung insbesondere der Verfassung von 1920, Hamburger Jur. Diss., 1951.

Stein-Jonas-Schönke-Pohle: Kommentar zur Zivilprozeßordnung, 2. Band, 18. Auflage, 1956.

Stern, Klaus: Anmerkung zu KG RzW 1964, 442, RzW 1965, 62.

— Buchbesprechung von A. Riklin, Das Berlinproblem, 1964, NJW 1965, 1423.

— Das Bundesverfassungsgericht und die sog. konkrete Normenkontrolle nach Art. 100 Absatz 1 GG, AöR 91 (1966), 223.

— Probleme der Errichtung eines Verfassungsgerichts in Berlin, DVBl. 1963, 696.

Steuerwald, Hans: Die staatsrechtliche Stellung des Landes Berlin zum Bund, JR 1957, 5.

Stöber, Robert: Die saarländische Verfassung vom 15. Dezember 1947 und ihre Entstehung, 1952.

Strupp-Schlochauer: Wörterbuch des Völkerrechts, I. Band, 1960; II. Band, 1961; III. Band, 1962.

Stuyt, A. M.: The general principles of law as applied by international tribunals to disputes on attribution and exercise of state jurisdiction, 1946.

Süsterhenn-Schäfer, Kommentar der Verfassung für Rheinland-Pfalz, 1950.

Thieme, Werner: Die Entwicklung des Verfassungsrechts im Saarland von 1945 bis 1958, JböR NF 9, 423.

Thoma, Richard: Das Reich als Bundesstaat, in: Anschütz-Thoma, Handbuch des Deutschen Staatsrechts, 1. Band, 1930, S. 169.

Tommasi di Vignano, Alessandro: Lex fori e diritto straniero, 1964.

Triepel, Heinrich: Die Reichsaufsicht, 1917.

Uhlitz, Otto: Der Viermächtestatus und die staatsrechtliche Stellung Berlins, Journalismus 2 (1961), 47.

— Völkerrecht und Außenpolitik — Viermächtestatus und Berlin-Politik, DÖV 1968, 524.

Usteri, Martin: Theorie des Bundesstaates, 1954.

Verdross, Alfred: Völkerrecht, 5. Auflage, 1964.

Vitta, Edoardo: Nozioni di diritto internazionale privato, Terza edizione, 1960.

Vogel, Klaus: Der räumliche Anwendungsbereich der Verwaltungsrechtsnorm, 1965.

Webster's new world dictionary of the American language (Encyclopedic edition), 2 Vol., 1951.

Wengler, Wilhelm: Anmerkung zum Beschluß des Bundesverfassungsgerichts vom 30. 10. 1962—2 BvM 1/60 —, NJW 1963, 435.

— Anmerkung zum Urteil des Bundesfinanzhofs vom 18. 12. 1963 — I 230/61 S (BStBl. 1964 III S. 253), JZ 1965, 23.

— Anmerkung zum Urteil des OVG Berlin vom 2. 8. 1967 — V B 2/67 — JZ 1967, 753.

— Die Anpassung des englischen Rechts durch die Judikatur in den Vereinigten Staaten, in: Festschrift für Ernst Rabel, Band I, 1954, S. 39.

— Beiträge zum Problem der internationalen Doppelbesteuerung, 1935.

— Besprechung von A. Riklin, Das Berlinproblem, 1964, AöR 91 (1966), 286.

— Besprechung von Rottmann, Der Viermächte-Status Berlins, DÖV 1960, 39.

— Betrachtungen über den Zusammenhang der Rechtsnormen in der Rechtsordnung und die Verschiedenheit der Rechtsordnungen, in: Gegenwartsprobleme des internationalen Rechtes und der Rechtsphilosophie (Festschrift für Rudolf Laun zu seinem 70. Geburtstag), 1953, S. 719.

— Deutschland als Rechtsbegriff in: Festschrift für Nawiasky, 1956, S. 49.

— International Law Problems of the Situation of Germany, Revue égyptienne de droit international 15 (1959), 1.

— No end of a Lesson, NJW 1967, 1743.

— Positionen und Begriffe? Blätter für deutsche und internationale Politik 1965, 336, 426.

— Die Rechtslage der Eisenbahnen und Wasserstraßen in Berlin, JR 1950, 641, 676.

— Die Übernahme von Bundesgesetzen für Berlin, in: Die moderne Demokratie und ihr Recht (Festschrift für Gerhard Leibholz zum 65. Geburtstag), 2. Band, 1966, S. 939.

— Völkerrecht, 2 Bände, 1964.

Werner, Fritz: Organisationsrechtliche Fragen der Bundesgerichtsbarkeit, in: Recht im Wandel (Festschrift 150 Jahre C. Heymanns Verlag KG), 1965, S. 91.

Werthauer, Kurt: Das Berliner Rechtsvereinheitlichungsgesetz, JR 1951, 205.

Wheare, K. C.: Federal Government, 1947.

Willoughby-Rogers: An Introduction to the problem of government, 1921.

Wintrich-Lechner: Die Verfassungsgerichtsbarkeit, in: Die Grundrechte, hrsg. von Bettermann-Nipperdey-Scheuner, 3. Band 2. Halbband, 1959, S. 643.

Wolff, Hans J.: Die Rechtsstellung der Beschlußausschüsse in Nordrhein-Westfalen, in: Festschrift der Arbeitsgemeinschaft für Forschung des Landes Nordrhein-Westfalen zu Ehren des Herrn Ministerpräsidenten Karl Arnold anläßlich des fünfjährigen Bestehens der Arbeitsgemeinschaft für Forschung am 4. Mai 1955, 1955, S. 291.

— Verwaltungsrecht I, 7. Auflage, 1968.

— Verwaltungsrecht II, 2. Auflage, 1967.

Wolff, Jürgen: Zur verfassungsgerichtlichen Nachprüfung unter Anwendung von Bundesrecht ergangener Gerichtsentscheidungen in „Berliner Sachen", DÖV 1967, 81.

Wolff, Martin: Das internationale Privatrecht Deutschlands, 3. Auflage, 1954.

Words and Phrases, Volume 18 A, gone — gyrotiller, 1956.

Zajtay, Imre: Zur Stellung des ausländischen Rechts im französischen internationalen Privatrecht, 1963.

Zitelmann, Ernst: Geltungsbereich und Anwendungsbereich der Gesetze, in: Festgabe der Bonner Juristischen Fakultät für Karl Bergbohm zum 70. Geburtstag, 1919, S. 207.

MIX
Papier | Fördert gute Waldnutzung
FSC® C083411

Kolibri 360 GmbH
Ferdinand-Jühlke-Straße 7
99095 Erfurt, Deutschland
produktsicherheit@kolibri360.de

Druck:
CPI Druckdienstleistungen GmbH
im Auftrag der
Kolibri 360 GmbH
Ferdinand-Jühlke-Str. 7
99095 Erfurt